Grundausgabe

Doppel-Klick

Das Arbeitsheft
+ Sprachförderung

8

Herausgegeben von
Werner Bentin

Erarbeitet von
Angela Adhikari, Esther Backes, Werner Bentin, Marion Clausen,
Sandra Heidmann-Weiß, Sarah Marin Bendana, Christine Roock

Cornelsen

DOPPEL-KLICK

DAS ARBEITSHEFT + SPRACHFÖRDERUNG

Arbeitstechniken

Texte lesen und verstehen

Planen, schreiben, überarbeiten

Einen Tagesbericht schreiben

Eine Tätigkeitsbeschreibung überarbeiten

Stellung nehmen

Medien und Gattungen

Gedichte analysieren und interpretieren

Zu Texten schreiben

Rechtschreiben

Die Trainingseinheiten

Die Arbeitstechniken

Zeichensetzung

Grammatik

Das kann ich!

Wissenswertes auf einen Blick

findest du auf den Umschlagseiten vorn und hinten in diesem Arbeitsheft.

Mit den Übungen und Kapiteln dieses Arbeitsheftes werden **die schriftlichen Klassenarbeiten in Klasse 8** vorbereitet.
Dabei werden folgende **Kompetenzen** trainiert:

Mit Zeitangaben Sätze verknüpfen

Mirko erzählt

Vorhin bekam ich großen Appetit auf Muffins (1). Ich suchte zuerst ein passendes Rezept im Backbuch (2). Dann war der Teig schnell gerührt und die gefüllten Backförmchen kamen in den Ofen (3). Davor hatte ich den Ofen vorgeheizt (4). Die Muffins sind jetzt fertig und kühlen noch ein wenig aus (5). Danach kann man sie essen (6). Malia und Juri wollen nachher kommen (7). Ich bin sicher: Von den Muffins bleiben später nur Krümel übrig ... (8)

1 a. Welche Sätze passen zu welchen Bildern? Lies dazu genau den Text.
b. Kennzeichne die richtige Reihenfolge der Bilder mit den Ziffern 1 bis 8.

2 Im Text sind zwei Zeitangaben schon hervorgehoben.
a. Finde die anderen sechs Zeitangaben im Text und markiere sie.
b. Ordne die Zeitangaben richtig in die Tabelle ein.

 Was geschah schon?	 Was ist jetzt?	 Was wird noch geschehen?
vorhin		*danach*
	jetzt	

Merkwissen

Mit **Zeitangaben** kannst du ausdrücken, in welcher **Reihenfolge** etwas geschieht oder geschah: *zuerst, vorher, jetzt, danach, dann, später.*

Mit Zeitangaben kannst du Sätze verknüpfen.

3 Trage passende Zeitangaben vom Rand in die Lücken ein.
Tipps: Es gibt mehrere Möglichkeiten. Am Satzanfang schreibst du groß.

danach
~~jetzt~~
später
vorher
zuerst

Ich stellte __________ alle Zutaten bereit.

__________ holte ich auch alle benötigten Küchengeräte.

Jetzt esse ich den ersten Muffin.

Die Geräte spüle ich __________ ab.

__________ schicke ich Malia und Juri nach Hause.

Sonst essen sie mir alle Muffins auf!

Der Textknacker

Der Sachtext in diesem Kapitel informiert dich über den Traum der Menschen vom Fliegen. Mit dem Textknacker knackst du den Text.
? Wie wurde der Traum vom Fliegen Wirklichkeit?
Diese Frage kannst du nach dem Lesen beantworten.
Deine Antwort veranschaulichst du mit Hilfe eines Zeitstrahls.

1. Vor dem Lesen
2. Das erste Lesen
3. Den Text genau lesen
4. Nach dem Lesen

1. Schritt: Vor dem Lesen

1 Sieh dir den Sachtext auf den Seiten 6 und 7 als Ganzes an.
- Worauf fällt dein Blick als Erstes?
- Was erzählen dir die Bilder?
- Wie heißt die Überschrift?
- Worum geht es vermutlich?
- Schreibe es auf.

Jn dem Text geht es vermutlich

2. Schritt: Das erste Lesen

W **2** Wähle aus:
- Du kannst den Sachtext einmal überfliegen.
- Du kannst den Sachtext einmal still lesen.

3 a. Überprüfe deine Vermutungen aus Aufgabe 1.
b. Was findest du interessant an dem Sachtext? Welche Fragen hast du? Schreibe Stichworte und Fragen auf.

3. Schritt: Den Text genau lesen

4 Lies den Sachtext auf den Seiten 6 und 7 genau und in Ruhe.
Tipp: Zum Text gehören auch zwei Grafiken.

Der jahrtausendealte Traum vom Fliegen

Dina steht aufgeregt im Terminal des Frankfurter Flughafens. Gleich wird sie zum ersten Mal in ein Flugzeug steigen. Schon lange möchte sie einmal fliegen! Da unterscheidet sie sich nicht von anderen: Denn seit es Menschen gibt, träumen sie davon, sich wie die Vögel in die Luft erheben zu können. Bis dahin war es jedoch ein langer Weg.

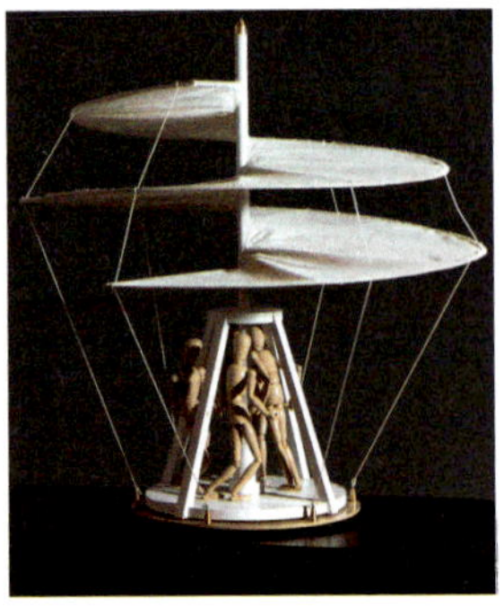

Leonardo da Vincis Luftschraube

Der Heißluftballon der Brüder Montgolfier

Otto Lilienthals Gleitflugapparat

Der Doppeldecker der Brüder Wright

Schon seit Jahrtausenden versuchte man, den Vögeln das Geheimnis des Fliegens abzuschauen, doch zunächst erfolglos. Vor etwa 120 Jahren ließ auch Otto Lilienthal diese Idee nicht los. Jahrelang hatte er den Vogelflug studiert und Berechnungen angestellt. Schließlich entwickelte er zwei riesige Flügel, die mit Stoff bespannt waren. Damit konnte er 1893 tatsächlich von einem Hügel aus etwa 250 Meter weit durch die Luft gleiten. Nach mehreren geglückten Versuchen stürzte er jedoch im Jahr 1896 bei einem weiteren Versuch ab und starb an den Folgen.

In den USA hatten die Brüder Wilbur und Orville Wright[2] von Otto Lilienthals Versuchen gehört. Nur wenige Jahre später machten sie sich seine Erkenntnisse zunutze und entwickelten einen Doppeldecker mit Motor. Das ist ein Flugzeug, das zwei Tragflächen besitzt, die übereinander angeordnet sind. Am 17. Dezember 1903 starteten sie ihren ersten Flug mit der Maschine namens Kitty Hawk[3]. Die Maschine war 12 Sekunden lang in der Luft und legte eine Strecke von 37 Metern zurück. Das war für damalige Verhältnisse eine Sensation!

Otto Lilienthal (**1848 in Anklam, †1896 in Berlin*) war ein deutscher **Luftfahrtpionier**[1].
Er gilt als der erste Mensch, der erfolgreich Gleitflüge mit einem Gleitflugapparat bewältigte. Er nutzte die Beobachtung, dass durch gewölbte Tragflächen die Auftriebskraft erzeugt wird, mit der ein Flugkörper ansteigen kann.

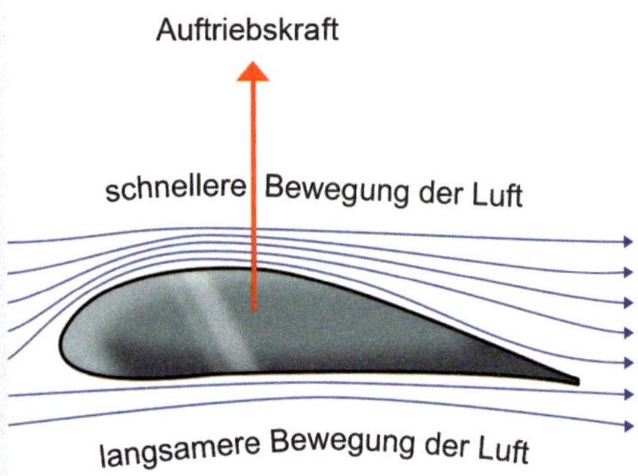

[1] **der Luftfahrtpionier:** ein Mensch, der wichtige neue Erkenntnisse für die Luftfahrt gewonnen hat
[2] **Wilbur und Orville Wright** [sprich: Uilbör und Orwil Rait]
[3] **Kitty Hawk** [sprich: Kitti Hok]

☐ ______________________________

Die Fortschritte in der Luftfahrt und der Bau moderner Flugzeuge ließen sich nun nicht mehr aufhalten. Schon wenige Jahre später, nämlich am 25.8.1919, wurde in England der erste Linienflug gestartet. Er führte von London nach Paris. Der Flug mit der einmotorigen Maschine dauerte damals 2,5 Stunden: doppelt so lange wie heute. An Bord waren vier Passagiere[4].

☐ ______________________________

Heute gelten Otto Lilienthal und die Brüder Wright als Pioniere der Luftfahrt. Doch schon lange Zeit vor ihnen gab es wichtige Stationen in der Geschichte des Fliegens. Bereits vor etwa 500 Jahren hatte der italienische Künstler und Wissenschaftler Leonardo da Vinci[5] den Flug der Vögel und Fledermäuse genau beobachtet. Er skizzierte flügelähnliche Flugapparate. Aber er suchte auch nach anderen Möglichkeiten. Könnte man sich nicht in die Luft hinaufschrauben, wenn man die Schraube nur schnell genug drehen würde? Seine Luftschraube sah schon ein wenig aus wie ein Hubschrauber. Sie hatte oben eine Art Propeller. Eisendrähte verbanden die Propellerteile mit einer Plattform. Auf dieser sollten vier Personen schnell im Kreis laufen und die Luftschraube so antreiben. Außerdem überlegte Leonardo, wie man einen großen Ballon mit heißer Luft füllen könnte. Er wusste schon, dass heiße Luft leichter als kalte Luft ist. Daraus schloss er, dass ein Ballon, der mit heißer Luft gefüllt ist, nach oben in den Himmel steigen müsste. Aber er fand damals, um das Jahr 1500, noch keine Lösung für seine Überlegungen.

☐ ______________________________

300 Jahre später griffen in Frankreich die Brüder Joseph und Étienne Montgolfier[6] da Vincis Idee vom Heißluftballon wieder auf. Es gelang ihnen, eine große Hülle aus Leinwand mit heißer Luft zu füllen. Die Luft erwärmten sie mit Hilfe eines Feuers unter der Ballonhülle. Ihr Flugversuch im Jahr 1783 war ein voller Erfolg. Die beiden Passagiere waren 25 Minuten in der Luft und winkten aus 300 Meter Höhe den staunenden und jubelnden Zuschauern zu.

☐ ______________________________

„Passagiere nach Palma de Mallorca[7] bitte an Ausgang 8!", tönt die Lautsprecherdurchsage. Es geht los!
Dina kann es kaum erwarten, im Flugzeug zu sitzen. Nicht nur für sie wird heute der Traum vom Fliegen Wirklichkeit. Frankfurt ist nur einer von vielen Flughäfen, von denen aus jährlich Millionen von Fluggästen in den Himmel abheben.

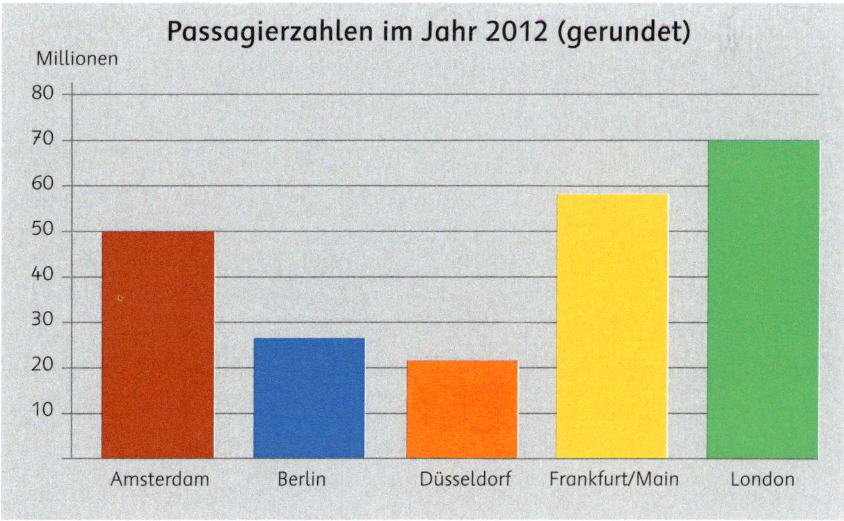

[4] **die Passagiere:** Fluggäste
[5] **Leonardo da Vinci** [sprich: Leonardo da Winschi]
[6] **Joseph und Étienne Montgolfier** [sprich: Schosef und Etien Mongolfjeh]
[7] **Palma de Mallorca** [sprich: Palma de Majorka]: Hauptstadt einer spanischen Insel im Mittelmeer

Weiter mit dem 3. Schritt: Den Text genau lesen

Absätze gliedern den Text.
Was in einem Absatz steht, gehört inhaltlich zusammen.

5 a. Nummeriere die Absätze im Text. Schreibe in die Kästchen.
b. Schreibe für jeden Absatz eine passende Zwischenüberschrift auf die Schreibzeilen.

Schlüsselwörter sind zum Verstehen besonders wichtig.
In den ersten beiden Absätzen sind die Schlüsselwörter hervorgehoben.

6 Finde auch in allen anderen Absätzen Schlüsselwörter. Markiere sie im Text.

7 Der Sachtext enthält viele Zeitangaben.
a. Entscheide, welche Zeitangaben für die Geschichte der Luftfahrt besonders wichtig sind.
b. Markiere sie im Text.
c. Schreibe die wichtigsten Ereignisse in der zeitlichen Reihenfolge auf.

um 1500: Leonardo da Vinci:

heute:

Manche Wörter werden unter dem Text auf den Seiten 6 und 7 erklärt.

8 Welche Wörter werden unten auf den Seiten 6 und 7 in ihrer Bedeutung erklärt?
a. Schreibe sie untereinander auf.
b. In welchen Sätzen kommen die Wörter vor? Markiere sie im Text.
c. Lies die Erklärungen unter dem Text genau.
d. Schreibe die Erklärungen neben die Wörter.

der Luftfahrtpionier:

Manche Wörter werden im Text oder mit Hilfe von Grafiken erklärt.

9 Erkläre das Wort **Auftriebskraft** mit eigenen Worten.
Tipp: Die Grafik und der Lexikonartikel auf Seite 7 helfen dir dabei.

die Auftriebskraft: An der Unterseite einer gewölbten Tragfläche

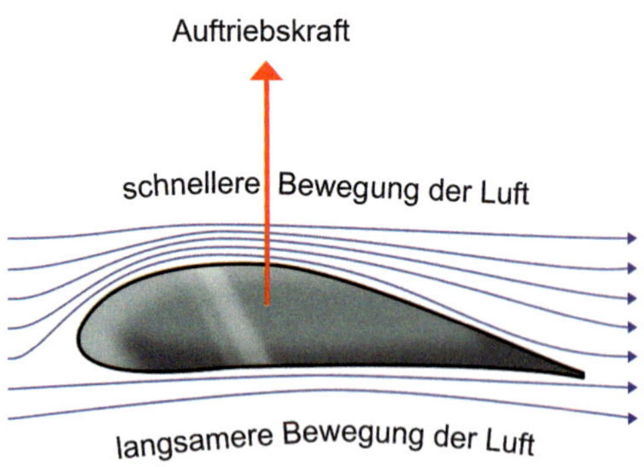

Suche Wörter, die du nicht verstanden hast, im Wörterbuch.

10 Das Wort **Terminal** kommt im ersten Satz des Textes vor.
- a. Lies den Wörterbucheintrag dazu.
- b. Entscheide, welche Erklärung zur Verwendung im Text passt.
- c. Markiere sie im Wörterbucheintrag.

Ter | mi | nal [sprich: törminel], der oder das, engl., **1.** die Warte- und Abfertigungshalle für Flugreisende; **2.** Anlage zum Beladen und Entladen in Bahnhöfen oder in Häfen; **3.** Eingabe- oder Ausgabeeinheit einer Computeranlage

Die Grafik auf Seite 7 erklärt eine Textstelle genauer.

11 Sieh dir die Grafik auf Seite 7 an.
- a. Lies die Überschrift der Grafik.
- b. Zu welcher Textstelle passen die Informationen aus der Grafik? Markiere sie im Text.

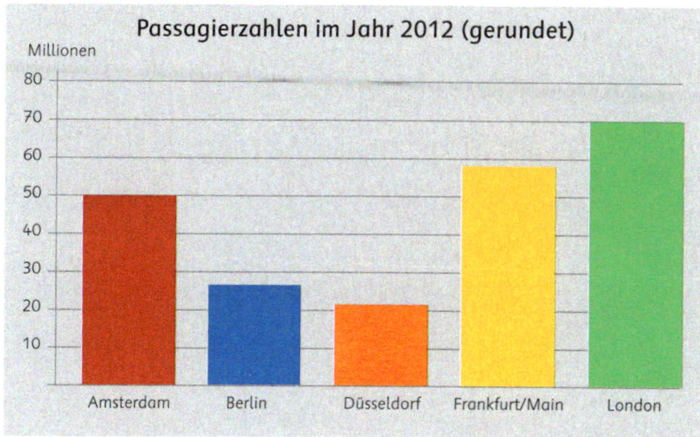

12 Sieh dir die Grafik genauer an:
- Worum geht es in der Grafik?
- Was kannst du an der senkrechten Achse ablesen?
- Was zeigen die verschiedenen Balken an?

Schreibe Informationen auf, die du ablesen kannst.

Die Grafik zeigt, wie viele ______________________

____

____

____

4. Schritt: Nach dem Lesen

? Wie wurde der Traum vom Fliegen Wirklichkeit?
Du veranschaulichst deine Antwort mit Hilfe eines Zeitstrahls.

13
- a. Lies deine Ergebnisse zur Aufgabe 7 noch einmal.
- b. Zeichne den Zeitstrahl längs auf ein DIN-A4-Blatt.
- c. Trage darauf ein, was wann geschehen ist.
  Tipp: Auch die Abbildungen auf Seite 6 helfen dir.

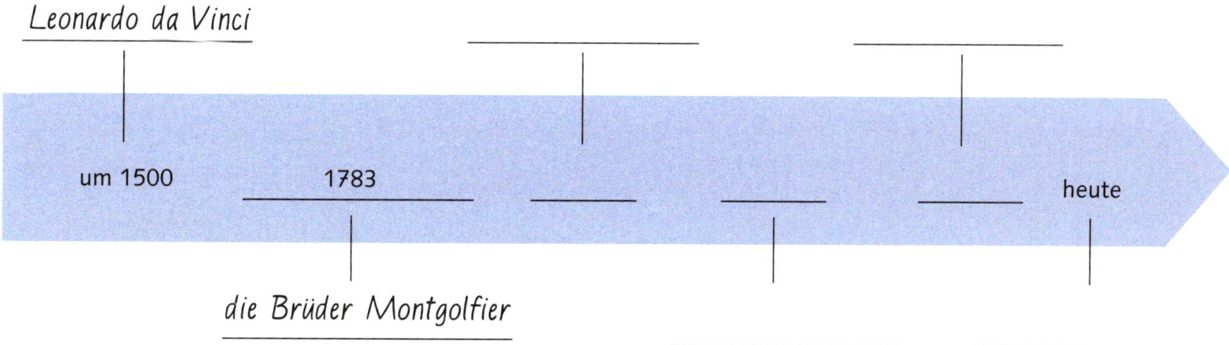

→ Das kann ich! Seite 72-74

Sachlich berichten

Tim schreibt einem Freund eine E-Mail über seinen Praktikumstag.

Mittwoch, 21.5.2014

Heute Vormittag durfte ich ~~tollerweise~~ Bestellungen entgegennehmen und den Gästen Eisbecher servieren. ~~Das war echt cool.~~ Dann kam eine ganze Schulklasse und es entstand plötzlich Hektik. Für so viele Kinder fehlten saubere Eisbecher. Ich bekam einen Schreck. Die Spülmaschine war noch nicht durchgelaufen, da ich dummerweise vergessen hatte, sie anzustellen. Das war mir voll peinlich. Ich wusch die Eisbecher schnell mit der Hand ab. Das war nicht gerade toll. Danach durfte ich wieder die Gäste bedienen.

1 Den Text aus der E-Mail kann Tim auch für seinen Tagesbericht nutzen. Aber dort muss er alles sachlich formulieren.

a. Welche Wörter und Wortgruppen im Text drücken Gefühle oder Bewertungen aus? Streiche sie durch.
Tipp: Zwei sind schon durchgestrichen.

b. Ergänze nun die folgenden Sätze mit sachlichen Informationen.

Tagesbericht: Mittwoch,

Heute Vormittag durfte ich

Auch in diesem Text kommen Gefühle und Eindrücke vor.

Um 16 Uhr kam eine Lieferung mit irre viel Obst an. Ausgerechnet ich sollte die Kisten in den Kühlraum tragen. Die waren ziemlich schwer! Im Kühlraum musste ich die Mengen kontrollieren und das Obst schön in die Regale einsortieren. Was war ich froh, als ich das bis 17 Uhr geschafft hatte!

2 Formuliere den Text in einen sachlichen Bericht um.
Tipp: Streiche zuerst alle unsachlichen Wörter und Wortgruppen im Text durch.

Einen Tagesbericht schreiben

Tim macht ein Praktikum in einem Eiscafé.
Für seinen Tagesbericht hat er sich Notizen gemacht.

9 Uhr: ____________

10 Uhr: ____________

12 Uhr: ____________

____

____

15 Uhr: ____________

____

____

Terrasse vorbereitet,
Stühle an die Tische gestellt,
Eiskarten auf Tische verteilt,
Sonnenschirme aufgestellt

hinter der Eistheke Geschirr aus der
Geschirrspülmaschine
geräumt, die Gläser poliert

17 Uhr: Arbeitsflächen in der Küche sauber gemacht

um 18 Uhr Feierabend

in der Küche Früchte gewaschen und geschnitten,
Zutaten für die Eisherstellung abgewogen

14 Uhr: eine Warenlieferung
ins Lager eingeräumt

von 13 bis 14 Uhr Pause

1 a. Ordne die Notizen den Bildern zu.
Schreibe unter jedes Bild, was Tim zu dieser Zeit gemacht hat.
b. Zu welchem Bild gibt es keine Notiz? Formuliere selbst die passende Notiz.

Mit Hilfe seiner Notizen schreibt Tim seinen Tagesbericht. Er beginnt mit der Einleitung.

2 Beantworte für die Einleitung folgende Fragen. Schreibe Stichworte.

Wer? ______________________________

Wann? ______________________________

Merkwissen

Berichten kannst du zum Beispiel über einen Praktikumstag. Du beantwortest **genau** und **knapp** die **W-Fragen**:
Wann geschah etwas?
Wo geschah etwas?
Wer war beteiligt?
Was geschah der Reihe nach?
Ein Bericht wird **im Präteritum** geschrieben. Er erhält nur **sachliche** und **richtige Angaben**.

3 Schreibe nun mit Hilfe der Stichworte aus Aufgabe 2 den Einleitungssatz für Tims Bericht auf.

Am Dienstag begann ich ______________________________

Im Hauptteil des Tagesberichts beschreibt Tim genau, was er getan hat.

4 Schreibe den Hauptteil des Berichts.
Tipps: Schreibe mit den Notizen von Seite 11 vollständige Sätze auf. Schreibe im Präteritum.

Anschließend …
Danach …
Ab 12 Uhr …
Zwischen 13 und 14 Uhr …
Nachdem …
Zum Schluss …
…

Um 9 Uhr bereitete ich die Terrasse vor. Ich ______________________________

5 Überprüfe deinen Tagesbericht mit Hilfe der Checkliste.

Checkliste: Einen Tagesbericht schreiben	ja	nein
Habe ich alle W-Fragen beantwortet?		
Habe ich wichtige Jnformationen an den Anfang gestellt?		
Jst ein Einleitungssatz vorhanden?		
Stimmt die Reihenfolge?		
Jst der Bericht sachlich geschrieben?		
Habe ich unterschiedliche Satzanfänge verwendet?		
Stimmen die Zeitformen der Verben im Präteritum?		
Habe ich Rechtschreibung und Zeichensetzung geprüft?		

6 Überarbeite deinen Tagesbericht, wenn du Fragen mit Nein beantwortet hast. Schreibe den überarbeiteten Tagesbericht in dein Heft.

Einen Tagesbericht kannst du auch in Tabellenform schreiben.

7 Über den ersten Tag im Praktikum hat Tim den folgenden Tagesbericht geschrieben.
a. Lies den Bericht aufmerksam durch.
Einige Stichworte sind schon markiert. Markiere weitere.
b. Ergänze den tabellarischen Tagesbericht auf der nächsten Seite mit Angaben aus diesem Tagesbericht.

Montag, 19.5.2014

Meine Arbeit begann um 9 Uhr im Eiscafé Tiziano. Jch meldete mich bei Frau Nardelli, der das Eiscafé gehört. Sie ist in dieser Woche meine Ansprechpartnerin. Frau Nardelli zeigte mir die Küche, das Café und die Eistheke.

Danach lernte ich die anderen Mitarbeiter kennen. Jn der Küche arbeiteten zwei Frauen, hinter der Eistheke und im Service zwei weitere Frauen und zwei Männer.

Heute durfte ich in der Zeit von 9.30 bis 12 Uhr in der Küche Obst waschen und kleinschneiden und so bei der Herstellung von Fruchteis helfen. Ab 12 Uhr räumte ich bis zur Mittagspause die Eisbecher und anderes Geschirr in die Spülmaschine. Zum Schluss polierte ich dann die abgewaschenen Gläser.

Zwischen 13 und 14 Uhr hatte ich Mittagspause. Ab 14 Uhr durfte ich dann in der Küche wieder beim Obstschneiden und Abwaschen helfen. Alle Mitarbeiter des Cafés waren sehr nett zu mir und zeigten mir, was ich tun sollte. Von 16 bis 18 Uhr durfte ich schon bestellte Eisbecher und Getränke an die Tische bringen.

Um 18 Uhr war mein erster Arbeitstag vorbei.

Tabellarischer Tagesbericht

Praktikum als:	Praktikumsbetrieb:	Praktikumstag/Datum:
Speiseeishersteller	*Eiscafé Tiziano*	*Montag, 19.5.2014*

Uhrzeit	Tätigkeiten
9 Uhr	*Arbeitsbeginn, bei Frau Nardelli (= Ansprechpartnerin) gemeldet, Küche, Café und Eistheke gesehen, die anderen Mitarbeiter kennengelernt: vier Frauen und zwei Männer*
9.30 Uhr bis 12 Uhr	
12 Uhr bis 13 Uhr	
18 Uhr	

8 a. Prüfe, ob die Eintragungen im tabellarischen Tagesbericht vollständig sind.

b. Ergänze, wenn etwas fehlt.
Tipp: Vergleiche die Einträge mit dem ausführlichen Tagesbericht auf Seite 13.

→ Das kann ich! Seite 75

Trennbare Verben im Präteritum

Elena hat in einem kleinen Hotel ein Praktikum gemacht.

Arbeit im Hotel

Zuerst begleitete Elena eine Auszubildende bei der Arbeit und sah ihr zu. Ab und zu half sie auch schon mit. Sie zählte die Wäschestücke aus der Reinigung nach und legte in den Gästezimmern frische Handtücher aus. Später durfte sie an die Rezeption. Von hier aus rief sie bei der Taxizentrale an, wenn ein Gast ein Taxi brauchte. Oder sie sah im Computer nach, wenn jemand eine Auskunft wünschte.

1 Im Text kommen Verben vor, die aus zwei Teilen bestehen.
a. Markiere die beiden Teile der Verben in einer Farbe.
b. Markiere die Wörter oder Wortgruppen zwischen den beiden Teilen in einer anderen Farbe.

Merkwissen

Einige **Verben** sind **zusammengesetzt**. Im Satz können die Teile des Verbs **getrennt** stehen (Satzklammer):
Sie ***rechnet*** die Aufgabe ***aus***.

Es sind **trennbare Verben**.

Was tat Elena noch alles? Sie hat sich Notizen gemacht.

Vormittags: Gästezimmer aufräumen
Mittags: in der Küche Speisen ausgeben
Am Nachmittag: an der Rezeption Wünsche der Gäste entgegennehmen

Merkwissen

Im **Infinitiv** schreibt man trennbare Verben **zusammen**:
sie sah … zu: zusehen.

2 In den Notizen kommen trennbare Verben im Infinitiv vor. Markiere diese Verben.
Tipp: Ein Verb ist schon markiert.

3 a. Schreibe mit den Notizen aus Aufgabe 2 ganze Sätze auf. Verwende die Verben aus Aufgabe 2 im Präteritum.
b. Markiere die Satzklammer.
c. Markiere die Satzglieder in der Satzklammer in einer anderen Farbe.

ich räumte … auf
ich gab … aus
ich nahm … entgegen

Vormittags räumte ich die Gästezimmer auf. Mittags

4 Mit Hilfe der Satzschalttafel kannst du weitere Sätze mit trennbaren Verben im Präteritum bilden.
a. Schreibe die Sätze in dein Heft.
b. Markiere die Verben und die Satzklammer wie in Aufgabe 3 c.

Die Gäste	kamen	in jedem Jahr	gern	wieder.
	nahmen	ihre Post	an der Rezeption	entgegen.
Elena	bereitete	die Zimmer	für die Gäste	vor.
	las	den Kindern	etwas	

Eine Tätigkeitsbeschreibung überarbeiten

Erhan hat nach seinem Praktikum eine Tätigkeitsbeschreibung für sein Berufsportfolio geschrieben.

Achtung: Fehler!

1 *Masseure und medizinische Bademeister unterstützen Ärzte. Sie helfen, Krankheiten zu heilen, und das finde ich super! Dabei sind ihre Hände sehr wichtig. Sie massieren die Patienten mit verschiedenen Massagetechniken. Sie geben Unterwassermassagen und medizinische Bäder. Außerdem setzen sie Bewegungstherapie ein. Jch denke, ein weiterer Schwerpunkt ist die Behandlung mit Wärme und Kälte. Jch finde den Beruf ganz schön abwechslungsreich. Die Patienten bekommen zum Beispiel auch kalte und heiße Wassergüsse.*

2 *Masseure und medizinische Bademeister arbeiten in einer Massagepraxis oder in Krankenhäusern. Sie können auch in Alten- und Pflegeheimen arbeiten. Manche arbeiten im Fitnesszentrum. Jm Wellnessbereich von großen Hotels können sie auch arbeiten.*

3 *Die ausbildung hat zweieinhalb Jahre gedauert. Man benötikt dafür einen Hauptschulabschluss. Um ein Masseur und medizinischer Bademeister zu sein, muss man gerne und geschickt mit den Händen arbeiten. Freundliches Auftreten ist wichtig. Es ist auch nützlich, wenn man gut zuhören kann. Für die Abrechnungen muss man sicher rechnen können.*

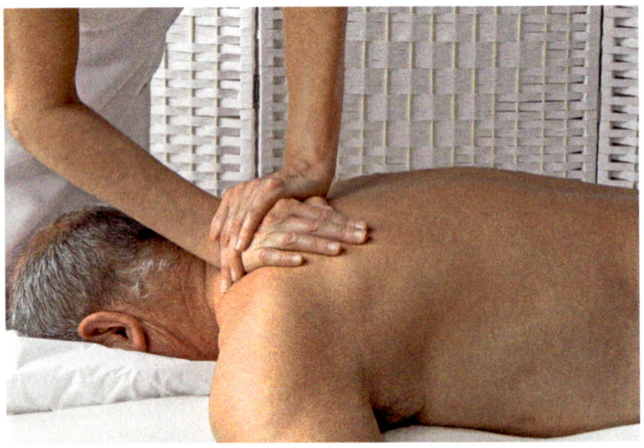

Dieser Patient wird massiert,

damit seine Rückenschmerzen verschwinden.

**Erhans Tätigkeitsbeschreibung kannst du noch verbessern.
Die folgenden Tipps helfen dir bei der Überarbeitung.**

Tipp 1: Achte auf die richtige Reihenfolge.

1 In Absatz **1** stimmt die Reihenfolge der Sätze nicht.
a. Welcher Satz steht an der falschen Stelle? Markiere ihn.
b. Zeichne einen Pfeil dorthin, wo er hinpasst.

Tipp 2: Bleibe sachlich.

2 In Absatz **1** kommen drei Aussagen vor, in denen Erkan Gedanken und Gefühle ausdrückt.
a. Finde diese Stellen.
b. Schreibe den verbesserten Text von Absatz **1** auf.

Tipp 3: Verwende treffende Wörter und Wortgruppen.

3 In Absatz **2** hat Erhan ein Verb in der gleichen Form häufig wiederholt.
Dadurch wirkt der Text eintönig.
a. Markiere diese Wiederholungen im Text.
b. Ersetze die markierten Verben durch treffendere Ausdrücke.
c. Schreibe die verbesserten Sätze auf.
Tipp: Die Wortgruppen am Rand helfen dir.

(sie) sind angestellt
(sie) können beschäftigt sein
(sie) werden eingesetzt
(sie) üben ihren Beruf aus
(sie) sind tätig

Masseure und medizinische Bademeister können in einer Massagepraxis oder in Krankenhäusern beschäftigt sein.

Tipp 4: Schreibe die Tätigkeitsbeschreibung im Präsens.

4 Welche Verbform steht in Absatz **3** nicht im Präsens?
a. Streiche die falsche Verbform durch.
b. Wie lautet der Satz richtig? Schreibe den verbesserten Satz auf.

Tipp 5: Denke beim Schreiben an die Leserinnen und Leser.
Rechtschreibfehler stören beim Lesen.

5 In Absatz **3** sind Erhan zwei Rechtschreibfehler unterlaufen.
a. Markiere die fehlerhaften Buchstaben. Streiche die falsch geschriebenen Wörter durch.
b. Korrigiere die beiden Fehler. Schreibe die beiden Sätze richtig auf.
Tipp: Nutze für die Rechtschreibprüfung den Rechtschreib-Check!

Tipp 6: Prüfe, ob die Tätigkeitsbeschreibung vollständig ist.

6 In Erhans Tätigkeitsbeschreibung fehlt eine Bildunterschrift.
a. Finde eine passende Bildunterschrift.
b. Ergänze sie unter dem Bild auf Seite 16.
Tipp: Du kannst eine Bildunterschrift vom Rand wählen.
Du kannst auch eine eigene formulieren.

Medizinische Bademeister verabreichen auch Armbäder mit heißem oder kaltem Wasser.
Medizinische Bademeister geben Unterwassermassagen.
Medizinische Bademeister wenden auch Bewegungstherapie an.

7 Erhans Tätigkeitsbeschreibung hat noch keine Überschrift.
a. Finde eine passende Überschrift.
b. Ergänze sie auf den Linien über dem Tätigkeitsbericht.
Tipp: Du kannst eine Überschrift vom Rand wählen.
Du kannst auch eine eigene ergänzen.

Berufsbild: Masseur und medizinischer Bademeister
Was tun Masseure und medizinische Bademeister?
Ein cooler Beruf

8 Schreibe die überarbeitete Tätigkeitsbeschreibung von Erhan vollständig in dein Heft.

→ Das kann ich! Seite 76

Das Wortfeld arbeiten

Der Imbissladen

Svens Eltern verdienen ihr Geld in einem eigenen kleinen Imbissladen. Svens Mutter leistet in der Küche die gesamte Arbeit. Vor einigen Jahren war sie längere Zeit arbeitslos. Jetzt ist sie froh, dass sie ihren Beruf wieder ausüben kann. Svens Vater betätigt sich als Kellner. Er ist auch zuständig für den Einkauf im Großmarkt. Sogar Sven hat einen Job: Er fertigt die witzigen Speisekarten für den Imbissladen an.

1 Im Trainingstext sind Wortgruppen markiert, die zum Wortfeld **arbeiten** gehören. Schreibe diese Wortgruppen im Infinitiv auf.

Geld verdienen, ____________________

____

____

____

Arbeit leisten
arbeitslos sein
einen Beruf ausüben
einen Job haben
anfertigen
~~Geld verdienen~~
sich betätigen als
zuständig sein für

2 Auch diese Verben gehören zum Wortfeld **arbeiten**:
einarbeiten, mitarbeiten, überarbeiten, verarbeiten.
Setze die vier Verben an passenden Stellen in den Sätzen ein.

Svens Mutter ____________________ meist Gemüse und Fleisch aus der Region.

Eine neue Hilfskraft wird ab sofort in der Küche ____________________ .

Sven muss die Speisekarte ____________________ . Seine Mutter möchte neue Gerichte anbieten, die er in die Speisekarte ____________________ soll.

Im Imbissladen ist immer viel zu tun.

3 a. Kreuze die Sätze an, die etwas mit **arbeiten** zu tun haben.
b. Schreibe die Verben, die etwas mit **arbeiten** zu tun haben, im Infinitiv auf.

☐ Svens Mutter kocht viele Gerichte für die Gäste. ____________________

☐ Die Gerichte schmecken den Gästen sehr gut. ____________________

☐ In der Küche reinigt die Hilfskraft das Geschirr. ____________________

☐ Nach dem Essen trinken einige Gäste gern einen Kaffee. ____________________

☐ Den Kaffee bereitet meist Svens Vater zu. ____________________

☐ Anschließend serviert er den Kaffee mit einem Glas Wasser. ____________________

☐ Das benutzte Geschirr räumt er rasch ab. ____________________

Die Verbstellung in weil-Sätzen

An der Marienschule soll ein Projekt zum Thema „Weniger Müll" stattfinden.

Der Tauschbasar

Die Müllberge in den Abfalltonnen der Marienschule sind groß, weil 1200 Menschen täglich hier ihren Müll hinterlassen. Die Schülervertretung schlägt ein Recycling-Projekt vor, weil sie diese Müllberge verringern möchte. Für das Projekt organisiert die Klasse 8a einen Tauschbasar. Weil alte Sachen oft noch zu gebrauchen sind, lädt die Klasse zum Tausch ein. Jeden mitgebrachten Gegenstand kann man hier gegen einen anderen tauschen.

1 Im Text kommen drei Satzgefüge mit **weil**-Sätzen vor.
- a. Markiere in den Satzgefügen jeweils den Hauptsatz und den Nebensatz unterschiedlich.
- b. Markiere in jedem Satzgefüge das Bindewort (die Konjunktion) **weil**.
- c. Wo stehen in den Nebensätzen die gebeugten Verbformen? Markiere sie.
- d. Markiere die Kommas zwischen Hauptsatz und Nebensatz.

Merkwissen

Die Konjunktion **weil** leitet einen **Nebensatz** ein. Er kann **vor** oder **nach** dem Hauptsatz stehen. Das gebeugte **Verb** steht im Nebensatz immer **an letzter Stelle**.

Auf dem Tauschbasar beantworten die Schülerinnen und Schüler die Fragen der Besucher.

Fragen	Antworten
Warum sollen wir weniger wegwerfen?	Man kann sie immer wieder benutzen.
Warum darf Stella etwas vom Tauschtisch mitnehmen?	Es schützt die Umwelt.
Warum soll ich Stofftaschen mitbringen?	Die Rohstoffe können wiederverwertet werden.
Warum wird in der Schule der Müll getrennt?	Sie hat dafür einen anderen Gegenstand mitgebracht.

2
- a. Verbinde mit jeder Frage die richtige Antwort.
- b. Schreibe vier Satzgefüge mit **weil** auf. Der Nebensatz kann vorn oder hinten stehen.
  Tipp: Achte auf das Komma zwischen Hauptsatz und Nebensatz.
- c. Markiere das Bindewort **weil** und das Verb in jedem Nebensatz.

Wir sollen weniger wegwerfen, weil es die Umwelt schützt. Stella darf etwas vom Tauschtisch mitnehmen,

Stellung nehmen

Über eine Fahrradwerkstatt an einer Schule kann man verschiedener Meinung sein. Du sollst später eine eigene Stellungnahme dazu schreiben.

Reparieren statt wegwerfen! Fahrradwerkstatt in der Marienschule geplant!

Hast du ein kaputtes Fahrrad?
In der Fahrradwerkstatt kannst du

- dein Fahrrad kostenlos reparieren,
- Hilfe bei der Reparatur bekommen,
- Fahrradteile zur Weiterverwendung abgeben.

Schreib uns deine Meinung dazu!

Um Stellung zu nehmen, brauchst du Argumente für und gegen eine Fahrradwerkstatt.

1 a. Lies die verschiedenen Argumente. Ordne sie in die Tabelle ein.
b. Trage zusätzlich zwei Argumente ein, **die deine Meinung unterstützen**.

Das Reparieren der Räder spart Geld.

Es kommen zu wenige Schüler mit dem Fahrrad zur Schule.

Es gibt weniger Müll.

Ein Fahrrad steht nicht mehr herum, nur weil Kleinigkeiten kaputt sind.

Die Schüler bekommen handwerkliche Erfahrung.

Die Reparaturen sind viel zu schwierig für Schüler.

Es ist schwierig, einen passenden Raum für die Fahrradwerkstatt zu finden.

Argumente für eine Fahrradwerkstatt	Argumente gegen eine Fahrradwerkstatt

2 Welche Meinung hast du? Kreuze an.
☐ Ich bin für eine Fahrradwerkstatt.
☐ Ich bin gegen eine Fahrradwerkstatt.

Meinung
Argument
Beispiel

3 Welche Argumente sind dir besonders wichtig?
Schreibe sie auf.
Beginne mit dem stärksten Argument und ende mit dem schwächsten.

In einer Stellungnahme begründest du deine Meinung, das heißt, du verknüpfst sie mit Argumenten.

W **4** Begründe deine Meinung mit Argumenten.
Bilde Sätze und schreibe sie auf.
- Du kannst die Tabelle nutzen.
- Du kannst eigene Argumente nutzen.

Meinung
Argument
Beispiel

Ich bin für eine Fahrradwerkstatt,	weil die Schüler beim Reparieren handwerkliche Erfahrung sammeln können. da das Reparieren der Räder Geld spart.
Ich bin gegen eine Fahrradwerkstatt,	weil die meisten Schüler nicht mit dem Fahrrad zur Schule kommen. da es schwierig wird, einen geeigneten Raum für die Werkstatt zu finden.
Ich bin für eine Fahrradwerkstatt.	Denn es entsteht weniger Müll. Dadurch könnten Fahrräder wieder genutzt werden, an denen nur Kleinigkeiten kaputt sind.
Ich bin gegen eine Fahrradwerkstatt.	Denn die Reparaturen sind zu schwierig. Dadurch könnte der benötigte Raum nicht für AGs genutzt werden.

Mit Beispielen kannst du deine Argumente stützen und veranschaulichen. So kannst du überzeugender begründen.

5 Welche Beispiele passen zu den Argumenten?
a. Verbinde die Argumente mit passenden Beispielen.
b. Markiere Formulierungen, mit denen Beispiele gegeben werden.
c. Ergänze für das letzte Argument ein eigenes Beispiel.

Meinung
Argument
Beispiel

Argumente	Beispiele
Das Reparieren der Räder in der Schule spart Geld.	An unserer Schule zum Beispiel kommen die meisten zu Fuß oder mit Nahverkehrsmitteln zur Schule.
Eine Fahrradwerkstatt an der Schule ist überflüssig.	Für die Reparatur im Fachgeschäft habe ich zum Beispiel neulich 60 Euro bezahlt.
Fahrräder stehen nicht mehr herum, nur weil Kleinigkeiten kaputt sind.	In unserer Schule ist beispielsweise kein Raum mehr frei.
Es ist schwierig, einen passenden Raum für die Fahrradwerkstatt zu finden.	In unserem Keller stehen beispielsweise drei unbenutzte Räder, die nur einen Platten haben.
Es entsteht weniger Müll.	______________________________

Mit einer Stellungnahme kannst du die Leser überzeugen.

6 An welche Leser richtest du deine Stellungnahme? Wähle aus.
☐ An meine Mitschülerinnen und Mitschüler.
☐ An die Schulleitung.

Nun kannst du deine eigene Stellungnahme schreiben.

In der Einleitung nennst du das Thema und formulierst deine Meinung.

Einleitung

7 Schreibe eine Einleitung zu deiner Stellungnahme.
a. Wozu möchtest du Stellung nehmen? Nenne das Thema.
b. Formuliere deine Meinung in einem vollständigen Satz.
Tipp: Du kannst die Formulierungen vom Rand verwenden.

Ich vertrete die Meinung, dass …
Ich bin der Meinung, dass …
Ich bin der Ansicht, dass …
Ich meine, dass …

Zur geplanten Fahrradwerkstatt möchte ich ______________________________

Hauptteil

Im Hauptteil nennst du deine Argumente und stützt sie mit Beispielen.

Meinung
Argument
Beispiel

8 Mit welchen Argumenten kannst du deine Leser am besten überzeugen?
Nenne und erkläre mindestens drei Argumente in vollständigen Sätzen.
Stütze deine Argumente mit Beispielen.
Tipp: Deine Ergebnisse zu den Aufgaben 3 bis 5 helfen dir dabei.

Schluss

Im Schlussteil fasst du deine Aussagen zusammen.
Außerdem gibst du eine Empfehlung oder machst einen Vorschlag.

9 Schreibe zwei bis drei Schlusssätze.
- Warum ist für dich eine Fahrradwerkstatt an der Schule wichtig oder nicht?
- Was empfiehlst du den Lesern deiner Stellungnahme?
- Möchtest du die Leser um etwas bitten?
- Gibt es eine Lösung oder einen Vorschlag?

Deine Stellungnahme kannst du mit Hilfe einer Checkliste überarbeiten.

10 a. Prüfe deine Stellungnahme mit Hilfe der Checkliste.
b. Überarbeite deine Stellungnahme. Schreibe sie in dein Heft.

Checkliste: Schriftlich Stellung nehmen	*ja*	*nein*
Habe ich in der Einleitung das Thema genannt?		
Habe ich meine Meinung in einem vollständigen Satz formuliert?		
Habe ich für die Leser überzeugende Argumente genannt?		
Habe ich meine Argumente mit Beispielen gestützt?		
Habe ich zum Schluss meine wichtigsten Aussagen zusammengefasst?		
Habe ich eine Empfehlung oder einen Vorschlag gemacht?		

→ Das kann ich! Seite 77

Argumente mit Beispielen verknüpfen

Selina schreibt einen Leserbrief über Plastikmüll in den Weltmeeren für ein Jugendmagazin. Am Ende fasst sie ihre eigene Meinung zusammen.

Plastikmüll im Meer ist gefährlich

Es schwimmen rund 140 Millionen Tonnen Müll in den Weltmeeren. Dieser Müll bedroht das Leben der Meerestiere. Es wurde beispielsweise ein Pottwal gefunden, der starb, weil er 17 Kilo Plastikmüll im Magen hatte. Auch die Gesundheit der Menschen ist in Gefahr. Ein Beispiel dafür ist, dass sich winzige Plastikreste zuerst in Fischen und dann auch in Menschen ansammeln, die diese Fische essen.

1 Warum findet Selina Plastikmüll im Meer gefährlich?

a. Welche Argumente nennt Selina? Markiere sie.

b. Für jedes Argument bringt Selina ein Beispiel. Markiere die Beispiele ebenfalls.

c. Mit welchen Formulierungen sind die Beispiele mit den Argumenten verknüpft? Schreibe sie auf.

2 Lies die folgenden Sätze.
Welches ist das Argument, welches das Beispiel? Kreuze an.

Argument	Beispiel	
☐	☐	Plastikmüll verrottet langsam und setzt schädliche Chemikalien frei.
☐	☐	Eine Plastikflasche braucht 400 Jahre, bis sie verrottet ist.
☐	☐	Meeresschildkröten halten Plastiktüten für Quallen und fressen sie.
☐	☐	Plastikmüll verstopft die Mägen der Tiere und lässt sie verhungern.
☐	☐	Plastikmüll verschmutzt dauerhaft die Strände von unbewohnten Inseln.
☐	☐	Auf der Nordseeinsel Mellum liegen 700 Teile Plastikmüll auf 100 Metern Strand.

3 Schreibe Argument und Beispiel so auf, dass man erkennt, was das Beispiel ist.
Verknüpfe die Sätze mit Satzverknüpfern vom Rand.

Plastikmüll verrottet langsam und setzt schädliche Chemikalien frei. Beispielsweise braucht eine Plastikflasche 400 Jahre, bis sie verrottet.

Das sieht man zum Beispiel daran, dass ...
Ein Beispiel zeigt, dass ...
Beispielsweise ...
... zum Beispiel ....

Ein Gedicht analysieren

Eine Fahrt mit der elektrischen Straßenbahn war vor 100 Jahren noch etwas sehr Aufregendes.

1. Vor dem Lesen

1 a. Sieh dir die Überschrift und das Bild auf der nächsten Seite genau an.
b. Worum könnte es in dem Gedicht gehen? Schreibe einen Satz auf.

In dem Gedicht „Auf der Straßenbahn“ von Gerrit Engelke geht es um

2. Das erste Lesen

2 a. Lies das Gedicht einmal durch.
b. Was hast du vielleicht beim Lesen des Gedichts vor dir gesehen, gehört, gefühlt? Schreibe es auf.

Beim Lesen des Gedichts habe ich

3. Das genaue Lesen

Auf der Straßenbahn

Gerrit Engelke (1890–1918)

Wie der Wagen durch die Kurve biegt,
Wie die blanke Schienenstrecke vor ihm liegt,
Walzt er stärker, schneller.

Die Motore unterm Boden rattern,
Von den Leitungsdrähten knattern
Funken.

Scharf vorüber an Laternen, Frauenmoden,
Bild an Bild, Ladenschild, Pferdetritt, Menschenschritt –
Schütternd walzt und wiegt der Wagenboden,
Meine Sinne walzen, wiegen mit!
Voller Strom! Voller Strom!

Der ganze Wagen mit den Menschen drinnen,
Saust und summt und singt mit meinen Sinnen.
Das Wagensingen sausebraust, es schwillt!
Plötzlich schrillt
Die Klingel! –
Der Stromgesang ist aus –
Ich steige aus –
Weiter walzt der Wagen.

3 Zu jeder Strophe passt eine der Überschriften vom Rand.
a. Lies das Gedicht mehrmals für dich und ganz in Ruhe.
b. Schreibe neben jede Strophe die passende Überschrift.
Tipp: Du kannst auch eigene Überschriften aufschreiben.

An der Haltestelle
Laute Technik
Durch die Innenstadt
Die schnelle Fahrt

Im Gedicht gibt es Wörter und Wortgruppen, die man nicht sofort versteht.

4 Mit den folgenden Wortgruppen kannst du einige Verse aus dem Gedicht erklären. Schreibe eine passende Erklärung neben jeden Vers.

immer schneller und lauter – Weiterfahrt –
Erschütterungen im Wagen – Ende der Fahrt

schütternd walzt und wiegt der Wagenboden (Zeile 9) ______________________

das Wagensingen sausebraust, es schwillt (Zeile 14) ______________________

der Stromgesang ist aus (Zeile 17) ______________________

weiter walzt der Wagen (Zeile 19) ______________________

Jetzt kannst du zusammenfassen, was der Sprecher im Gedicht erlebt.

5 a. Lies noch einmal das Gedicht.
b. Ergänze die Lücken mit passenden Wörtern vom Rand.

Der Sprecher des Gedichts sitzt ______________________, wie es sie vor ______________________ gab. Während der Fahrt geht es durch ______________________ und an den Oberleitungen ______________________. Es kommt ihm vor, als ob sich die Straßenbahn ______________________ durch die Straßen bewegt. Der ______________________ wird nur durch ______________________ an den Haltestellen unterbrochen.

das Klingeln einer Glocke
etwa 100 Jahren
in einer Straßenbahn
Motorenlärm
sprühen Funken
wie eine Walze
enge Kurven

Jedes Gedicht hat eigene Merkmale. Finde sie für dieses Gedicht heraus.

acht Verse
drei Verse
fünf Verse
vier Strophen

6 Untersuche den **Aufbau** des Großstadtgedichts.
Ergänze den Text richtig.

Das Gedicht hat ______________________. Sie sind unterschiedlich lang:

Die ersten beiden Strophen haben ______________________, die dritte Strophe hat

______________________ und die vierte Strophe ______________________.

7 **a.** Was ist an dem Gedicht unregelmäßig und warum?
b. Ergänze den Text mit Wortgruppen vom Rand.

ist unregelmäßig aufgebaut
nicht ruhig und gleichmäßig
ruckelt über die Schienen
zur unruhigen Fahrt

Das Gedicht ______________________

______________________.

Im Gedicht fährt auch die Straßenbahn ______________________

______________________.

Mal fährt sie schneller, mal hält sie an oder ______________________

______________________.

Der Aufbau des Gedichts passt ______________________.

8 Im Gedicht reimen sich einige Verse. Untersuche die **Reime** genauer:
a. Markiere im Gedicht alle Wörter, die sich reimen.
b. Kennzeichne die Reimwörter im Text mit den Buchstaben a, b oder c.
Beginne in jeder Strophe wieder mit dem Buchstaben a.

Reimformen

Paarreim	Kreuzreim
a	a
a	b
b	a
b	b

9 **a.** Welche Reimformen vom Rand kommen in dem Gedicht vor?
Verbinde die Zeilen mit Linien wie im Kasten.
b. Welche Wörter bleiben in dem Gedicht ohne Reim?
Finde sie und markiere sie in einer neuen Farbe.

In diesem Gedicht spielen auch Klänge eine besondere Rolle.

10 Untersuche die Klänge in dem Gedicht.
a. Lies das Gedicht laut vor.
b. Lies die beiden Reimwörter in der zweiten Strophe.
c. Mit welchen Geräuschen kannst du sie am ehesten verbinden? Kreuze an.

☐ Vogelgezwitscher ☐ Motorenlärm
☐ Wasserfall ☐ alte Maschine

11 Auch in den anderen Strophen findest du Wörter, die Geräusche und Klänge der Straßenbahnfahrt wiedergeben.
Schreibe die Wörter auf.

____

____

____

Manche Wörter, die nah aufeinanderfolgen, haben den gleichen Anfangsbuchstaben. Dadurch entsteht ein ganz besonderer Klang.

12 a. In den Versen 9 und 13 kommen hintereinander Wörter mit gleichen Anfangsbuchstaben vor.
b. Markiere die Wörter. Lies sie mehrmals laut.
c. Wie wirken diese Verse auf dich? Schreibe einen Satz auf.

____

____

Jetzt kannst du zusammenfassen, was du über Reime und Klänge herausgefunden hast.

13 a. Lies noch einmal das Gedicht.
b. Ergänze den Text mit passenden Wörtern vom Rand.

die Stadt
im Kreuzreim
fünf Verse
ihn begeistert
ohne Reim
steigert sich
Verszeilen
„voller Strom"
als die Klingel schrillt
was der Sprecher hört und fühlt

In den ersten beiden Strophen gibt es jeweils drei ______________ mit dem regelmäßigen Kreuzreim. Dieser Aufbau passt zu der Fahrt: Die Straßenbahn nimmt langsam Fahrt auf und wird allmählich schneller. Der Sprecher erlebt eine neue Technik, die ______________. In der dritten Strophe geht die Fahrt quer durch ______________. Diese Strophe hat ______________.

Die ersten vier Verse reimen sich ______________, der letzte steht ______________.

Das Reimschema wird unregelmäßig. So erlebt der Sprecher auch die Straßenbahnfahrt. Der Boden der Straßenbahn zittert, auch der Sprecher ist ______________.

Die Anspannung ______________ bis in die vierte Strophe.

Die Wiederholung des Lautes „s" in den Wörtern „saust und summt und singt mit meinen Sinnen" zeigt, ______________.

Hier stehen acht Verszeilen: zwei mit Paarreim und vier ungereimte Verse.

Die ungereimten Verse beginnen, ______________.

Die Fahrt stoppt. Der Sprecher steigt aus. Der Wagen fährt weiter.

14 Fasse nun zusammen, was du über das Gedicht „Auf der Straßenbahn" herausgefunden hast. Schreibe die Ergebnisse in dein Heft.
Tipp: Du kannst die Ergebnisse aus den Aufgaben 5, 6, 7, 12 und 13 nutzen.

Wörter, die Geräusche nachmachen

In der Sprache gibt es Wörter, die so klingen wie ein bestimmtes Geräusch.

1 Welches Verb drückt am besten aus, wie die Gegenstände in den Sprechblasen klingen?
  a. Schreibe unter jedes Bild das passende Verb vom Rand.
  b. Markiere in den Wörtern den Wortstamm, der das Geräusch enthält.

knurren
quietschen
ticken
summen
walzen

Starthilfe
knurren

________ ________ ________

________ ________

2 Welche Geräusche machen die Lebewesen oder Dinge?
  a. Verbinde sie mit den passenden Verben.

Der alte Mann	schrillt.
Die Türglocke	brummt etwas in seinen Bart.
Der Sturm	quaken im Teich.
Die Frösche	braust um das Dach.

  b. Schreibe die Sätze mit den passenden Verben richtig auf.
  c. Markiere in den Verben jeweils den Wortstamm, der das Geräusch enthält.

Der alte Mann brummt etwas in seinen Bart.

____

____

3 a. Ergänze in den Lücken passende Verben, die Geräusche wiedergeben.
  Tipp: Achte auf die richtige Verbform.
  b. Markiere in den ergänzten Verben den Wortstamm.

(sie) brausen
(er) planscht
~~(sie) quietschen~~
(er) knattert
(sie) schrillt
(er) summt

Die Autos rasen um die Ecken, ihre Reifen *quietschen*.

Zwei Motorräder ________ heran. Irgendwo ________

eine Glocke. Der Regen ________ auf die Straße. Ein LKW hält,

sein Motor ________.

Der Fahrer hat gute Laune: Er ________ leise eine Melodie.

Zu einem Ausschnitt aus einem Jugendbuch schreiben

Im folgenden Textausschnitt aus dem Buch „Tintenblut" von Cornelia Funke erlebst du mit, wie es Meggie gelingt, sich und ihren Freund Farid an einen magischen Ort zu lesen.

In der Tintenwelt

Meggie blickte auf die Buchstaben, schwarz und schön. Sie suchte den Geschmack der ersten Silben auf ihrer Zunge, versuchte, sie sich vorzustellen, die Welt, von der die Wörter flüsterten, die Bäume, Vögel, den fremden Himmel … Und dann, mit klopfendem Herzen, begann sie zu lesen. Ihr Herz klopfte fast ebenso heftig wie in jener Nacht, in der sie mit ihrer Stimme hatte töten sollen. Dabei war es diesmal doch so viel weniger, was sie vollbringen musste. Nur eine Tür wollte sie aufstoßen, nichts als eine Tür zwischen den Buchstaben, gerade groß genug für sie und Farid … Ein frischer Geruch zog ihr in die Nase, von tausend und abertausend Blättern. Dann verschwand alles, ihr Schreibtisch, die Lampe neben ihr und das offen stehende Fenster. Das Letzte, was Meggie sah, war Gwin, der schnuppernd auf der Fensterbank saß und sie anstarrte. […]
Ich kann es! Das war Meggies erster Gedanke, als sie spürte, dass die Wörter sie tatsächlich eingelassen hatten, dass sie nicht länger in Elinors Haus war, sondern an einem anderen, ganz anderen Ort. Ich kann es. Mich selbst hineinlesen, mich selbst. Ja, sie war tatsächlich zwischen die Worte geschlüpft, wie sie es so oft schon in Gedanken getan hatte. Doch sie würde nicht die Haut einer Figur überstreifen müssen, von der das Buch ihr erzählte – nein, sie selbst würde es sein, die mitspielte, sie selbst, Meggie. […]
Meggie blickte sich um, fast, als hoffte sie, er stünde hinter ihr, so wie es immer gewesen war an fremden Orten. Aber da stand nur Farid, der sich ebenso ungläubig umsah wie sie. Das Haus von Elinor – weit fort. Ihre Eltern – fort. Und kein Weg, der zurückführte.

1 a. Finde im Text die Antworten auf folgende Fragen. Markiere sie.
- Wie ist Meggie an einen anderen Ort gelangt?
- Wo würde sie mitspielen?

b. Schreibe mit Hilfe der Markierungen die Antworten in ganzen Sätzen auf.

Beim Lesen verschwand alles und Meggie

Du kannst dich in deiner Geschichte auch in Bücher hinein- und an magische Orte lesen. Und dann bist du die Hauptperson.

2 Bereite deine Geschichte vor. Beantworte die folgenden Fragen.
Schreibe Stichworte auf.
Tipp: Du kannst die Wörter vom Rand verwenden oder deine **eigenen Ideen** aufschreiben.

Wo bist du in deiner Geschichte angekommen?

in einer fantastischen Welt
an einem grünen See
zwischen den Zeilen eines Buches
in der Zukunft

Wann bist du an diesen Ort gelangt?

mitten in der Nacht/um Mitternacht
als ich aufwachte
im letzten Winter
ich kann mich nicht erinnern
vor hundert/tausend Jahren

Was erlebst du oder wen entdeckst du an diesem Ort?

Dort gab es …
Ich entdeckte/sah/erlebte …
Ich erfuhr …
Ich kam an/reiste weiter …
Ich traf …

3 Schreibe mit Hilfe der Stichworte von Aufgabe 2 eine Einleitung für deine Geschichte.

Letzten Herbst … Eines Tages …
Vor langer Zeit … Es begann, als …
An einem sonnigen Tag …

4 Kannst du an deiner Einleitung noch etwas verbessern?
a. Lies die Einleitung noch einmal genau.
b. Was kannst vielleicht noch genauer sagen? Ändere es.

5 Schreibe deine verbesserte Einleitung in dein Heft.
Lasse darüber eine Zeile für die Überschrift frei.

Im Hauptteil deiner Geschichte soll es spannend werden.

6 Bereite den Hauptteil deiner Geschichte vor. Beantworte die Fragen in Stichworten.
Tipp: Du kannst die Ideen vom Rand oder deine **eigenen Ideen** verwenden.

Was möchtest du als Hauptperson? Was **tust** du?

hatte sich / mich verletzt / verlaufen … lächelte … war unglücklich …

Was passiert auf einmal?

Ich sah / hörte / merkte / spürte …
Es knackte / krachte …
Jemand sagte / flüsterte / schrie / brüllte …
geheimnisvoller Mensch / unheimliches Tier …
Blitz / Leuchten / Rauschen …

Was denkst und **fühlst** du als Hauptperson?

Angst / Hunger / ein schrecklicher Verdacht …
erschrak fast zu Tode …
nahm allen Mut zusammen …
Vorsicht …
überglücklich …

7 Adjektive machen deine Geschichte noch lebendiger.
Welche Adjektive könnten die folgenden Sätze anschaulicher machen?
Tipps: Du kannst Wörter vom Rand nehmen oder eigene Adjektive einsetzen.
Achte auf die richtige Endung der Adjektive.

Auf einmal hörte ich einen ______________ Schrei.

Ich hatte ______________ Angst vor dem ______________ Tier.

Ich überquerte die ______________ Brücke.

Ein ______________ Haus auf der Lichtung war meine Rettung.

fürchterlichen
kleines
riesigen
schreckliche
schmale

8 Schreibe nun den Hauptteil deiner Geschichte in dein Heft.
Tipps:
- Die Ergebnisse der Aufgaben 6 und 7 helfen dir.
- Baue Spannung auf: Erzähle ausführlich, ohne den Schluss zu verraten.
- Verwende abwechslungsreiche Satzanfänge.
- Verwende auch interessante Wörter und treffende Verben.
- Verwende auch die wörtliche Rede.

Zum Schluss musst du die Spannung auflösen.

9 Bereite den Schluss für deine Geschichte vor.
Wie löst sich die Spannung am Schluss auf?
Schreibe hier Stichworte auf.

10 Schreibe den Schlusssatz unter deine Geschichte ins Heft.

11 a. Überlege dir für deine Geschichte eine passende Überschrift.
b. Ergänze jetzt die Überschrift in deinem Heft.

Am Ende … Schließlich … Zu guter Letzt … In letzter Sekunde schafften sie es, … Das Geheimnis blieb unentdeckt … Unverletzt machten sie sich auf den Weg … Wie gut, dass er nie erfahren wird, dass …

Prüfe, ob du deine Geschichte verbessern kannst.

12 a. Lies deine gesamte Geschichte noch einmal genau.
b. Überprüfe deine Rechtschreibung mit Hilfe des Rechtschreib-Checks.
c. Überprüfe deine Geschichte dann mit Hilfe der Checkliste:

Checkliste: Eine Geschichte überarbeiten	*ja*	*nein*
Habe ich alle Fragen beantwortet?		
Jst alles gut verständlich?		
Muss ich noch etwas ergänzen?		
Habe ich treffende Verben verwendet?		
Stehen die Verbformen im Präteritum?		
Habe ich anschauliche Adjektive verwendet?		
Sind meine Satzanfänge abwechslungsreich?		
Habe ich wörtliche Rede verwendet?		
Macht die Überschrift neugierig auf die Geschichte?		
Habe ich alle Wörter richtig geschrieben?		
Habe ich alle Satzzeichen richtig gesetzt?		

13 a. Welche Punkte hast du mit Nein beantwortet?
Verbessere deine Geschichte in diesen Punkten.
b. Schreibe deine überarbeitete Geschichte noch einmal in gut lesbarer Schrift in dein Heft.

Z **14** Was könnten Meggie und Farid in der Tintenwelt erleben?
a. Lies noch einmal genau den Text auf Seite 31.
b. Wie könnte die Geschichte weitergehen?
Schreibe hier deine Ideen in Stichworten auf.

Im Präteritum erzählen

In der letzten Nacht hatte Sam einen seltsamen Traum.

In der Traumwelt

Sam lief durch eine dunkle Höhle. Zwei riesige Monster folgten ihm. Sie brüllten, aber sie wollten ihm nichts tun. Doch Sam glaubte ihnen nicht. Denn sie griffen mit unförmigen Klauen nach ihm. Sam rannte noch schneller. Plötzlich ein Wasserfall! Sam sprang mitten hinein. Die Monster schauten verwundert zu. Sam flog durch das Wasser – dann wurde alles schwarz.

1 a. Was tat Sam? Markiere die Verben im Text in einer Farbe.
b. Trage die markierten Verbformen links in die Tabelle ein. Schreibe das richtige Pronomen dazu.

2 a. Was taten die Monster? Markiere die Verben in einer anderen Farbe.
b. Trage die markierten Verbformen mit Pronomen rechts in die Tabelle ein.

er lief	*sie folgten*

Merkwissen

Wenn du über Vergangenes schriftlich erzählst oder berichtest, verwendest du meist das **Präteritum**: *lauf*en – *er* ***lief***, *steh*en – *sie* ***stand***en.

3 Stell dir vor, du bist Sam. Erzähle aus deiner Sicht, was Sam im Traum erlebte.
Tipp: Ersetze das Pronomen **er** durch das Pronomen **ich**, das Pronomen **ihm** durch das Pronomen **mir**.
a. Schreibe den Text auf.
b. Markiere alle Verbformen im Präteritum.

Ich lief durch eine dunkle Höhle. Zwei riesige Monster folgten mir. Sie

Z **4** Stell dir vor, du gehörst zu den Monstern. Erzähle den Traum aus Monstersicht.
Tipp: Ersetze das Pronomen **sie** durch das Pronomen **wir**, das Pronomen **ihnen** durch das Pronomen **uns**.
a. Schreibe den Text in dein Heft.
b. Markiere alle Verbformen im Präteritum.

Starthilfe

Sam lief … Wir folgten ihm.

Die Trainingseinheiten

Wichtige Wörter mit ß

Ein seltsamer Tag! |

Was ist bloß los? | Nichts macht Marie heute Spaß. | Im Garten ist es ihr zu heiß, | im Haus zu langweilig. | Immer wieder schaut sie auf ihr Handy, | aber niemand meldet sich. | Vielleicht würde etwas Süßes helfen? | Marie läuft barfuß in den Keller, | um sich ein Eis | aus dem Eisschrank zu holen. | Dabei stößt sie mit dem großen Zeh | so heftig gegen eine Türschwelle, | dass sie vor Schmerz laut aufschreit. | „Bist du dort unten?", | hört sie ihre Schwester rufen, | „Orhan war gerade am Telefon. | Ich soll dich grüßen. | Er meldet sich wieder." | Marie lacht. | Ist das nicht ein spitzenmäßiger Tag heute? |

1 Warum findet Marie den Tag plötzlich sehr gut? Markiere die Antwort im Text.

2 Im Trainingstext findest du einige Wörter mit **ß**.
a. Markiere die Wörter mit **ß**.
b. Schreibe die Wörter auf. Schreibe die Nomen mit ihrem Begleiter auf. Markiere jedes **ß**.
c. Unterstreiche in jedem Wort den langen Vokal vor dem **ß**. Markiere jedes **ß**.

Merkwissen
Nur nach einem langen Vokal oder einem Zwielaut (au, ei) kann **ß** stehen: *große, heißen*.

bloß ______________________

____

3 Suche zu jedem Begriff das Gegenteil. Schreibe die Lösung auf.
Tipp: In jedem Lösungswort steht ein **ß**.

die Faulheit - der ____________ innen - ____________
schwarz - ____________ kalt - ____________

außen
der Fleiß
heiß
weiß

4 Schreibe zu folgenden Nomen mit **ß** den Plural auf.
Tipp: Bei manchen Nomen verändert sich der Vokal: **o** wird zu **ö**, **u** wird zu **ü**.

der Fuß ➔ ____________ der Gruß ➔ ____________
die Straße ➔ ____________ die Größe ➔ ____________
der Stoß ➔ ____________ das Maß ➔ ____________

die Füße
die Größen
die Grüße
die Maße
die Straßen
die Stöße

5 a. Schreibe den Trainingstext „Ein seltsamer Tag!" in dein Heft.
b. Markiere jedes **ß** und den langen Vokal davor.

Wortgruppen mit nehmen und fahren

Aufregung im Zug |

Dilaria und Irina wollen | eine Woche am Bodensee | Rad fahren und zelten. | Um dort hinzukommen, | müssen sie Bahn fahren. | Nachdem sie die Räder | verstaut haben, | können sie endlich Platz nehmen. | Nach einiger Zeit | kommt ein älterer Herr in ihr Abteil. | Kurz darauf geht er hinaus. | Als er wiederkommt, | vermisst er eine Tasche. | Er verdächtigt Irina. | Dilaria will Irina in Schutz nehmen: | „Sie haben Ihre Tasche selbst mitgenommen!“ | Der Herr stiefelt wutentbrannt davon. | Wenig später kommt der Zugbegleiter | und fragt, | ob jemand eine Tasche vermisst. | Sie lachen | und schicken ihn | dem wütenden Herrn hinterher. |

1 Wie kommen Dilaria und Irina an den Bodensee? Schreibe die Antwort aus dem Text ab.

____

2 Im Text kommen Wortgruppen mit **fahren** und **nehmen** vor. Zwei sind schon markiert.
a. Markiere auch die anderen beiden Wortgruppen.
b. Schreibe die Wortgruppen auf.

____

____

Merkwissen

Wortgruppen mit **fahren** und **nehmen** werden getrennt geschrieben:
*Sie wollen **Rad fahren**.*
*Sie müssen **Abschied nehmen**.*

3 a. Bilde mit den Wörtern vom Rand Wortgruppen mit **fahren** und **nehmen**.
b. Trage passende Wortgruppen in den Sätzen ein.

der Abschied, ein Bad, das Boot, der Ski, fahren, nehmen

Nach der langen Radtour möchte Dilaria ______________________ .

Am Montag wollen sie auf dem Bodensee ______________________ .

Bald müssen sie vom Bodensee ______________________ .

Im nächsten Jahr möchten sie in den Bergen ______________________ .

4 Bilde Wortgruppen mit **fahren** und **nehmen**. Schreibe damit eigene Sätze in dein Heft.

der Anlauf – das Auto – ernst – die Inliner – das Kanu

5 a. Schreibe den Trainingstext „Aufregung im Zug“ in dein Heft.
b. Markiere alle Wortgruppen mit **fahren** und **nehmen**.

→ Das kann ich! Seite 79

Zusammenschreibung mit
-mal, -teils, -wärts, -wegs, -weise

Apfelallerlei |

Einmal in der Woche | besucht Tamika ihre Oma. | Normalerweise gehen sie dann einkaufen | und anschließend in einer Bäckerei | Kuchen essen. | Unterwegs erzählt Tamika | diesmal von der Klassenfahrt. | Dabei geht sie rückwärts | und stößt gegen eine Straßenlaterne. | Die gesamten Einkäufe | fallen zu Boden | und Äpfel kullern | auf dem Gehweg umher. | Tamika entschuldigt sich | und hebt die Äpfel schnell auf. | „Oje, | daraus kann man | nur noch Mus kochen“, | seufzt Tamika. | Denn die Äpfel sind | größtenteils angeschlagen. | Ihre Oma tröstet sie: | „Das wolltest du doch | schon immer einmal lernen.“ | Und so gibt es diesmal | nach dem Einkauf Apfelmus. |

1 Warum kann man aus den Äpfeln nur noch Mus kochen? Schreibe die Antwort aus dem Text ab.

Merkwissen

Viele Wörter enden auf **-mal**, **-teils**, **-wärts**, **-wegs**, **-weise**:
zweimal, größtenteils, normalerweise, unterwegs, vorwärts.
Diese Wörter schreibst du **klein** und **zusammen**.

2 Im Text findest du Wörter mit **-mal**, **-teils**, **-wärts**, **-wegs**, **-weise**.
a. Markiere diese Wörter.
b. Schreibe die Wörter auf die passende Linie.

-mal:

-teils:

-wärts:

-wegs:

-weise:

3 a. Immer zwei Wortteile gehören zusammen. Schreibe die Wörter auf die richtige Linie.
b. Findest du weitere Wörter? Dann schreibe sie dazu.

zwei-	-mal	größten-	-teils	rück-	-wärts	lustiger-	-weise
drei-		eines-		vor-		unnötiger-	

-mal:

-teils:

-wärts:

-weise:

4 a. Schreibe den Trainingstext „Apfelallerlei“ in dein Heft.
b. Markiere die Wörter mit **-mal**, **-teils**, **-wärts**, **-wegs**, **-weise**.

Zusammengesetzte Nomen

Am Montag beginnt für Celina, Büsra, Mila und Jesko das Berufspraktikum.

Das Berufspraktikum |

„Wo machst du dein Praktikum, | Celina?“, | fragt Mila. | „Ich werde als Buchdruckerin arbeiten. | Und nebenan | ist die Tischlerei, | in der Jesko als Möbeltischler | arbeiten wird. | Da können wir zusammen fahren.“ | Büsra mischt sich ein: | „Habt ihr denn | die gleichen Arbeitszeiten? | Ich muss als Veranstaltungskauffrau | nämlich erst um zehn Uhr | in meinem Betrieb sein.“ | Celina und Jesko nicken, | denn das klappt. | Mila freut sich ebenfalls: | „Ich wohne sogar zwei Wochen | bei meiner Tante an der Küste. | So kann ich | mein Praktikum | bei einem Bootsbauer machen.“ |

1 Welche Berufe erkunden Celina, Jesko, Büsra und Mila in ihrem Praktikum?

Celina	Jesko	Büsra	Mila

2 a. Im Text findest du sechs zusammengesetzte Nomen. Markiere sie.
b. Schreibe die zusammengesetzten Nomen mit ihren Artikeln auf.
Tipp: Achte darauf, dass bei einigen Wörtern ein **s** dazwischensteht:
der Beruf + ***s*** + *das Praktikum* = *das Beruf**s**praktikum.*
c. Markiere in jedem zusammengesetzten Nomen den Artikel und das zweite Nomen.

Merkwissen

Zwei **Nomen** können ein **zusammengesetztes Nomen** bilden:
das Buch + *die Druckerin*
= *die Buchdruckerin,*
das Buch + *der Drucker*
= *der Buchdrucker.*
Der Artikel richtet sich **nach dem zweiten Nomen**.

3 a. Bilde zusammengesetzte Nomen. Schreibe die männliche und die weibliche Form auf.
b. Markiere das **s** zwischen den Nomen.

die Hauswirtschaft + s + der Helfer = *der Hauswirtschaftshelfer, die Hauswirtschaftshelferin*

das Bauwerk + s + der Abdichter =

die Information + s + die Technikerin =

das Schiff + s + die Mechanikerin =

4 Schreibe den Trainingstext „Das Berufspraktikum“ in dein Heft.

Großschreibung: Höfliche Anrede

Keshia sucht einen Praktikumsplatz.
Im Schaufenster einer Bäckerei entdeckt sie diesen Aushang.

Interessieren Sie sich für das Konditorhandwerk?

- *Passt dieses Handwerk zu Ihnen?*
- *Probieren Sie aus, ob unser Handwerk Ihren Interessen entspricht.*
- *In unserer Konditorei können Sie Ihr Schnupperpraktikum absolvieren.*
- *Melden Sie sich bei uns, wir helfen Ihnen und beraten Sie gern.*

Wir freuen uns auf Ihre Bewerbung.

Konditorei Martens
Backhausweg 8 – 57072 Siegen
Ina.Martens.@konditoreihandwerk.de

1 Wer wird in dem Text angesprochen? Ergänze den Satz.

Jn dem Text wird eine Person angesprochen, die sich

2 Markiere nur die Pronomen in dem Text, mit denen die Person angesprochen wird.

Nach dem Vorstellungsgespräch bedankt sich Keshia in einer E-Mail bei Frau Martens.

3 In der E-Mail sind alle Pronomen in großen Buchstaben geschrieben.
a. Mit welchen Pronomen wird eine Person höflich angesprochen? Markiere sie.
b. Schreibe den Text in der richtigen Schreibung ab.
Tipp: Nur die Pronomen der höflichen Anrede werden großgeschrieben.

Merkwissen
Die Pronomen der höflichen Anrede **Sie**, **Ihnen**, **Ihr**, **Ihre** werden immer **großgeschrieben**.

Sehr geehrte Frau Martens,
danke, dass SIE Zeit für MICH hatten und ICH IHNEN MEINE Fragen zum Praktikum stellen konnte. Leider habe ICH vergessen, SIE zu fragen, welche Arbeitskleidung in IHREM Betrieb vorgeschrieben ist. ES wäre schön, wenn SIE MIR eine kurze Nachricht schicken könnten. ICH bedanke MICH bei IHNEN für IHRE Mühe.
Mit freundlichen Grüßen

→ Das kann ich! Seite 80

Wochentage und Tageszeiten

Während des Praktikums hat sich Keshia Notizen zu ihrer Arbeit gemacht.

erster Praktikumstag am Montag,
am Vormittag den Betrieb kennengelernt,
am Nachmittag im Verkauf geholfen

am Montag, Dienstag und Mittwoch immer
sieben Stunden gearbeitet

jeden Donnerstag und jeden Freitag
sechs Stunden gearbeitet

nur am Dienstagmorgen schon um
sieben Uhr begonnen, sonst um acht Uhr

am Dienstagvormittag im Stand
auf dem Wochenmarkt geholfen,
am Dienstagnachmittag den Stand aufgeräumt

am Freitag vom Morgen
bis zum Nachmittag in der Backstube gearbeitet,
am Freitagabend sehr müde

1 Wann hat Keshia normalerweise mit der Arbeit begonnen? Markiere die Antwort im Text.

2 Keshia hat in ihren Notizen die Zeitangaben als Nomen aufgeschrieben.
a. Markiere diese Zeitangaben zusammen mit ihren Begleitern.
b. Schreibe die Zeitangaben zusammen mit ihren Begleitern auf.

am Montag,

3 Einige Zeitangaben aus Aufgabe 2 sind zusammengesetzte Nomen.
Schreibe diese zusammen mit dem bestimmten Artikel in der Grundform auf.

der Dienstagmorgen,

Merkwissen

Wochentage und Tageszeiten mit einem Begleiter sind **Nomen**.
Nomen schreibst du **groß**:
der Montag, am Montag, jeden Montag,
der Montagmorgen, am Montagmorgen, jeden Montagmorgen.

4 a. Wie waren Keshias Arbeitszeiten? Schreibe vollständige Sätze auf.
b. Markiere alle Wochentage und Tageszeiten in deinen Sätzen.

→ Das kann ich! Seite 80

Fremdwörter mit -ieren/-iert, -tion, -ell, -tät

Unterschiedliche Interessen |

Milana interessiert sich | für ein Praktikum | in einer Fahrradwerkstatt. | Tibor möchte sich gern | als Konditor ausprobieren. | Aber Autos zu reparieren, | das würde ihm auch Spaß machen. | Tarik ist unschlüssig, | er sucht noch Informationen | über den Beruf eines Kochs. | Er möchte zum Beispiel | etwas über | die Organisation der Arbeit | in großen Küchen erfahren. | Ihm ist auch | eine hohe Qualität der Speisen wichtig. | Okan hat sich schon beworben. | Er wird sein Praktikum | eventuell | in einer Malerwerkstatt machen. | Weil Elisa gern fotografiert, | hat sie sich | bei einem Fotografen beworben. |

1 Im Text sind einige Fremdwörter hervorgehoben.

a. Schreibe die Wörter in der Grundform auf. Denke bei Nomen an die Artikel.

b. Markiere in den Fremdwörtern **-ieren/-iert**, **-tion**, **-ell** und **-tät**.

> sie interessiert sich – sich interessieren
> die Information – die Informationen

2 Schreibe neben jedes Nomen ein passendes Verb mit **-ieren**.
Tipp: Das **e** am Ende einiger Nomen fällt dabei weg.

das Telefon –	die Probe – *probieren*
die Nummer –	die Kontrolle –
der Fotograf –	das Interesse –

3 Welche Wörter aus der Liste vom Rand gehören zu einer Wortfamilie?

a. Schreibe sie nebeneinander auf.

b. Markiere in den Nomen **-tion** und in den Verben **-ieren**.

> die Demonstration, die Gratulation, die Information, die Konzentration, die Organisation, die Operation, gratulieren, demonstrieren, organisieren, operieren, informieren, konzentrieren

die Konzentration – konzentrieren,

die

4 Welches Verb vom Rand passt in die Lücken?
a. Finde die richtigen Verben.
b. Schreibe die Sätze mit den richtigen Verben auf.

(du) informierst dich
(du) interessierst dich
(sie) konzentrieren sich
(er) nummeriert
(er) probiert
(er) repariert

Tibor ___ die Torte. Tarik ___ die Pakete im Regal.
Du ___ für ein Praktikum in der Druckerei.
Du ___ über die Tätigkeit in einer Bücherei.
Der Meister ___ das Fahrrad in der Werkstatt.
Die Jugendlichen ___ auf die neuen Anforderungen im Praktikum.

Fremdwörter mit -tät und -ell prägst du dir am besten ein.

5 a. Schreibe die folgenden Nomen zusammen mit ihren Begleitern auf.
b. Markiere **-tät** in den Nomen.

die Qualität, die Aktualität, die Kriminalität, die Aktivität

6 a. Ergänze die passende Wortgruppe vom Rand in den Lücken.
b. Markiere **-ell**.

eventuell schon,
mit aktuellen Angaben,
eine sensationelle Idee

Tibor ergänzt die Preisliste ___.
Er darf ___ *bald selbst eine Torte verzieren.*
Dafür hat er bereits ___.

7 Schreibe den Trainingstext „Unterschiedliche Interessen" in dein Heft.

Die Arbeitstechniken

Dein Rechtschreib-Check

Mit dem Rechtschreib-Check kannst du prüfen, ob du alles richtig geschrieben hast.

1 Deutlich sprechen – genau hinhören

1 a. Sprich dir die hervorgehobenen Wörter Buchstabe für Buchstabe langsam und deutlich vor.
b. Entscheide: Sind die Wörter richtig oder falsch geschrieben?
c. Streiche die Fehlerwörter durch.
d. Berichtige jedes Fehlerwort und schreibe es auf die Linie darüber.

Achtung: 7 Fehler!

Nicos Referat

morgen

Nico soll morgn ein Referat halten. Er ist aufgeregt, obwohl er sich gut vorbreitet hat.

Die Arbeit fiel ihm nich schwer. In seinem Refrat stellt er die Griechische

Landschildkröte vor. Er kann lustige Geschichtn über dieses Tier erzählen. Denn seine

Tate Aliki besaß schon als Kind solch eine Schildkröte. Er hat sogar ein paar alte Fotos,

die er mitbingen kann. Über eine gute Note würde er sich natürlich freuen.

2 Schreibe den Trainingstext noch einmal vollständig ohne Fehler in dein Heft.

2 Lang oder kurz?

3 In der folgenden Wörterliste findest du Wörter mit kurzen und mit langen Vokalen.
a. Welche Vokale sprichst du kurz, welche lang?
b. Setze unter kurze Vokale einen Punkt. Unterstreiche lange Vokale.
c. Markiere alle Konsonanten, die auf die Vokale folgen.
d. Schreibe die Wörter in die Tabelle.

baden, das Brot, dann, die Decke, das Gesetz, lesen, das Sofa, die Sonne, das Wetter

Wörter mit kurzem Vokal	Wörter mit langem Vokal

4 Wende Checkpunkt 2 bei dem folgenden Text an.
a. Sprich die hervorgehobenen Wörter langsam und deutlich.
b. Entscheide: Sind die Wörter richtig oder falsch geschrieben?
c. Streiche die Fehlerwörter durch.
d. Berichtige jedes Fehlerwort und schreibe es auf die Linie darüber.

Achtung: 6 Fehler!

Nico auf Kreta

Im Somer war Nico auf Kreta. Er verbrachte die Ferien bei seiner Tante Aliki in brütender Hize. Jeden Tag war er dort im Meer schwimmen. Von dem vielen Salzwasser waren seine Loken ganz struppig. Jeden Abend saßen ale draußen. Seine Jake vermisste Nico nicht. Einmal raschelte es unter der Hecke. Es war aber keine Schildkröte, sondern nur die Kaze der Nachbarn.

5 Schreibe den Trainingstext noch einmal vollständig ohne Fehler in dein Heft.

3 Verwandtes Wort?

Findest du ein Wort schwierig?
Dann finde ein verwandtes Wort,
das du sicher schreiben kannst.
Denn den Wortstamm in verwandten
Wörtern schreibst du immer gleich:

- *fä**ll**en* mit **ll** so wie *fa**ll**en*
- *das Geb**äu**de* mit **äu** so wie *b**au**en* mit **au**
- *das **Fahr**rad, die **Fahr**bahn, der **Fahr**stuhl, weg**fahr**en* so wie ***fahr**en*

6 Finde zu jedem Wort ein verwandtes Wort.
Schreibe es auf.

der Läufer –	er wohnt –
zählen –	sie schläft –

7 Wende Checkpunkt 3 bei folgendem Text an.

a. Finde zu jedem hervorgehobenen Wort ein verwandtes Wort.
b. Entscheide: Sind die Wörter richtig oder falsch geschrieben?
c. Schreibe den verbesserten Text fehlerfrei auf.

Achtung: 7 Fehler!

Eine lange Rückreise

Die Ferien auf Kreta sind vorüber. Nico muss zurück nach Hause. Die **Rückfart** dauert lange. Auf der Fähre nach Athen **gefellt** es ihm gut. Er **unterhält** sich mit anderen Jugendlichen. Sie haben viel zu **erzehlen**. In Athen übernachtet er in der **Wonung** seiner Großmutter. Am nächsten Morgen **fehrt** er mit dem Bus zum Flughafen. Nach fast vier Stunden landet er **endlich**. Dann muss er noch mit dem Zug **faren**. Ausgerechnet sein Lehrer **leuft** ihm am Bahnhof über den Weg. Viel zu früh, die Schule beginnt doch erst übermorgen!

das Ende,
fahren,
fallen,
halten,
laufen,
die Zahl

4 b oder p, d oder t, g oder k am Wortende?
Verlängere das Wort. Dann hörst du, wie es endet:
*der Kor**b** – die Kör**b**e; das Schil**d** – die Schil**d**er; der Erfol**g** – die Erfol**g**e.*

8 Prüfe, ob in den Sätzen die hervorgehobenen Wörter richtig geschrieben sind.
a. Verlängere die Wörter.
b. Entscheide: Sind die Wörter richtig oder falsch geschrieben?
c. Streiche die Fehlerwörter durch.
d. Berichtige jedes Fehlerwort und schreibe es in die Lücke.

die Flüge
die Körbe
die Länder
der Urlauber

Zu Hause angekommen denkt Nico viel an den Urlaub (________________).

Gedankenverloren wirft er die Wäsche in den Korp (________________).

Das Lant (________________) seiner Großmutter und seiner Tante findet er toll!

Wenn der Fluk (________________) nicht so teuer wäre, würde er öfter hinfliegen.

Achtung: 3 Fehler!

5 Groß oder klein?
Nomen schreibst du groß. Mit diesen Fragen erkennst du Nomen:
- Hat das Wort einen oder mehrere **Begleiter**?
- Endet das Wort auf **-ung**, **-heit**, **-keit**, **-nis**?
- Gibt es vor dem Wort einen der **besonderen Begleiter** **am**, **beim**, **zum**, **etwas**, **alles**, **nichts**, **viel**?

9 Wende Checkpunkt 5 bei dem folgenden Text an.
a. Prüfe, ob die hervorgehobenen Wörter Nomen sind.
b. Entscheide: Sind die Wörter im Text richtig oder falsch geschrieben?
c. Streiche die Fehlerwörter durch.
d. Berichtige jedes Fehlerwort und schreibe es auf die Linie darüber.

Achtung: 4 Fehler!

Wieder zu Hause

Am Bahnhof wartet seine Schwester Leda auf Nico. Nach der begrüßung bombardiert sie Nico sofort mit ihren Fragen. „Erzähl mal, gibt es etwas neues? Hast du mir etwas Schönes mitgebracht? War dir beim fliegen wieder so schlecht?" Nico unterbricht: „Mensch Leda, lass mich erst einmal ankommen." Leda grinst: „Gut, dann erzähle ich, hier ist nämlich viel komisches passiert."

10 Schreibe den Trainingstext noch einmal vollständig ohne Fehler in dein Heft.

Den Rechtschreib-Check selbstständig anwenden

Mit diesem Text kannst du den Rechtschreib-Check ausprobieren. Einige Wörter sind farbig hervorgehoben.

11 a Entscheide: Sind die hervorgehobenen Wörter richtig oder falsch geschrieben?
Tipp: Die Ziffern über den Wörtern sagen dir, welchen Checkpunkt du anwenden kannst.
b. Streiche die Fehlerwörter durch.
c. Schreibe die verbesserten Wörter auf die Linie darüber.
d. Schreibe dann den vollständigen Text richtig in dein Heft.

Achtung: 10 Fehler!

Urlaubsgeschichten

Die Schule hat wieder begonen [2].

Nico freut sich darauf, seine Freundinnen un [1] Freunde wiederzusehen.

Das ist das gute [5] an der Schule: Dort trifft man sich jeden Tak [4].

Schließlich müssen sie ale [2] zur Schule gehen.

Nico greift nach seiner Jake [2], nimmt sich einen Apfl [1] und geht zur Haltestelle.

Dort trifft er Phillip. Der erzählt [3] von seiner Fart [3] mit einer Jugendgruppe.

Mit 62 anderen Jugendlichn [1] war er in Frankreich.

Dort haben sie auf einem Campingplatz Urlaup [4] gemacht. Ihre Zelte standen nur

fünf Minuten vom Strand [4] entfernt.

Phillip und Nico erzählen sich noch mehr. Auch diesen Text kannst du mit dem Rechtschreib-Check prüfen. Die Checkpunkte sind hier nicht angegeben.

Z **12** Überprüfe den Text mit Hilfe des Rechtschreib-Checks.

a. Überlege, mit welchem Checkpunkt du die hervorgehobenen Wörter überprüfen musst.
b. Prüfe, ob die Wörter richtig oder falsch geschrieben sind.
c. Streiche die Fehlerwörter durch.
d. Schreibe die richtigen Wörter darüber.

Mücken nerven

Achtung: 12 Fehler!

„Der Urlaub war ein großer spaß!", lacht Phillip. „Gleich hinter dem

Campingplaz begann das Meer. Das war super, bei der Hize waren wir jeden Tag schwimmen.

Das einzig bescheuerte waren die vielen Müken! Ich war ziemlich zerstochen.

Aber egal, Frankreich ist echt ein tolles Lant!"

Nico nickt: „Ja, diese miesen Insektn waren bei uns auch ganz schön nervig,

vor allem beim essen. Einmal ist mir eine Mücke in den Munt geflogen.

Ich konnte sie aber schnel ausspucken!"

Der Bus kommt und beide Jugen steigen ein. Sie erzälen die ganze Fahrt von

ihren Ferien. Fast hätten sie das Aussteigen verpasst.

Z **13** Schreibe den Text von Aufgabe 12 richtig in dein Heft.

→ Das kann ich! Seite 81

Zeichensetzung

Komma in Aufzählungen

Kommas fehlen!

Leguane

Leguane gehören zu den Reptilien. Diese Kriechtiere kommen in Nordamerika, Mittelamerika und Südamerika vor. Die meisten Arten leben auf dem Erdboden. Dort schlafen, jagen oder fressen sie. Es gibt aber auch Arten, die auf hohen Bäumen, kargen Felsen oder im kalten Meer leben.

Leguane sehen sehr beeindruckend aus. Ihre Haut besteht aus Schuppen. Viele sind gelb blau orange oder pink gefärbt. Zur Verteidigung können sie mit dem Schwanz schlagen drohend fauchen und heftig mit dem Kopf nicken. Einige Männchen haben außerdem auffällige Kämme große Kehllappen oder spitze Schwanzstacheln. Diese Merkmale sollen Gegner einschüchtern.

1 Wo kommen Leguane vor?
Schreibe die Antwort aus dem Text ab.

2 Im Trainingstext findest du viele Aufzählungen.
a. Markiere im ersten Absatz die aufgezählten Wörter oder Wortgruppen.
b. Markiere die Kommas mit einem Pfeil.

3 Im zweiten Absatz fehlen bei den Aufzählungen die Kommas.
a. Markiere die aufgezählten Wörter und Wortgruppen.
b. Setze die fehlenden Kommas.

4 Formuliere mit Hilfe der Informationstafel zwei Sätze.
a. Schreibe die Sätze auf.
b. Markiere die aufgezählten Wörter und Wortgruppen.
c. Markiere die Kommas.

Leguane leben ______________________________.

Jhre Nahrung besteht aus ______________________________.

Merkwissen

Wenn du **Wörter** oder **Wortgruppen** aufzählst, trennst du sie durch Komma voneinander.
Ausnahme: Vor **und** und **oder** steht kein Komma.
Leguane leben auf hohen Bäumen, auf kargen Felsen und im kalten Meer.

____ , ____ und ____ .

Lebensraum der Leguane:
- auf dem Erdboden
- auf Bäumen
- auf Felsen
- im Meer

Nahrung:
- Insekten
- wirbellose Tiere
- Pflanzen
- Algen

5 a. Schreibe den Trainingstext „Leguane" in dein Heft.
b. Setze dabei alle Kommas. Markiere die aufgezählten Wörter und Wortgruppen.

Manchmal werden auch ganze Satzteile aufgezählt.

Kommas fehlen!

Wie Leguane sich verhalten

Leguane können ihre Körpertemperatur nicht selbst steuern. Sie sind auf die Sonne angewiesen. Morgens wachen sie auf, suchen sich einen sonnigen Platz, legen sich dort hin und tanken Sonne. Manchmal wird es ihnen dabei zu warm. Dann hecheln sie, gehen zurück in den Schatten und warten auf Abkühlung.

Männchen verteidigen ihr Revier vertreiben andere Männchen dulden aber Weibchen. Leguanweibchen legen nach der Paarung Eier vergraben diese in der Erde und kümmern sich später nicht mehr darum.

6 Im ersten Absatz findest du Aufzählungen von Satzteilen. Einige sind bereits markiert.
a. Markiere die übrigen aufgezählten Satzteile.
b. Markiere die Kommas mit Pfeilen.

7 Auch im zweiten Absatz findest du Aufzählungen, die aus Satzteilen bestehen.
a. Markiere die aufgezählten Satzteile.
b. Setze die Kommas.

Merkwissen

Aufzählungen können auch aus **Satzteilen** bestehen. Sie werden auch durch **Komma** voneinander getrennt. Ausnahme: Vor **und** und **oder** steht kein Komma.

Morgens wachen sie auf, suchen sich einen sonnigen Platz, legen sich dort hin und tanken Sonne.

8 Bilde Sätze mit aufgezählten Wörtern, Wortgruppen und Satzteilen.
Schreibe die Sätze auf.
Tipp: Achte auf die Kommas.

<table>
<tr><td rowspan="3">Leguane

Sie</td><td>sind schöne</td><td rowspan="5">,</td><td>wilde</td><td rowspan="5">und</td><td>exotische Tiere.</td></tr>
<tr><td>haben spitze Zähne</td><td>grobe Schuppen</td><td>kräftige Hinterbeine.</td></tr>
<tr><td>leben am Erdboden</td><td>auf Bäumen</td><td>auf Felsen.</td></tr>
<tr><td rowspan="2">Ihre Haut</td><td>ist unterschiedlich gefärbt</td><td>besteht aus Schuppen</td><td>ist trocken.</td></tr>
<tr><td>schimmert oft grün</td><td>ist schuppig</td><td>fühlt sich trocken an.</td></tr>
</table>

9 Schreibe den Trainingstext „Wie Leguane sich verhalten“ ab. Setze dabei alle Kommas.

Komma in Infinitivsätzen

Kommas fehlen!

Das Willkommenslied

Heute beginnt Jantos Praktikum im Kindergarten. Er hat zwei Wecker gestellt, um sich nicht zu verspäten. Im Kindergarten wartet schon die Leiterin, um Janto zu begrüßen. Sie zeigt ihm zuerst alle Räume und Gruppen. Danach wartet Janto allein im Büro. Er spitzt die Ohren. Er hört Geräusche vor der Tür.

Die Leiterin kommt um Janto zu holen. Im Flur haben sich die Kindergartenkinder aufgestellt um ein Willkommenslied für ihn zu singen. Janto freut sich und klatscht Beifall.

1 Was hat Janto gemacht, um nicht zu verschlafen? Schreibe die Antwort aus dem Text ab.

2 Im ersten Absatz findest du zwei Sätze, die zu dem Satzbild aus dem Merkwissen passen.
- a. Markiere in diesen Sätzen die Verben im Infinitiv und die Wörter **um** und **zu**.
- b. Markiere die Kommas.

Merkwissen

Infinitivsätze beginnen mit dem Signalwort **um** und enden mit **zu + Infinitiv**. Sie werden durch Komma vom Hauptsatz getrennt.
*Er stellt sich zwei Wecker, **um** nicht zu spät **zu** kommen.*

____ , **um ... zu + Infinitiv** .

3 Finde im zweiten Absatz zwei Sätze mit Verben im Infinitiv und mit **um** und **zu**.
- a. Schreibe die Sätze auf.
- b. Markiere die Verben im Infinitiv und die Wörter **um** und **zu**.
- c. Setze die Kommas und markiere sie mit einem Pfeil.

Die Leiterin

4 Schreibe drei Sätze mit **um ... zu** auf.
Tipp: Achte auf das Komma.

Janto kniet sich hin			dem Jungen die Schnürsenkel		binden.
Ein Kind zieht Janto am Hosenbein	,	um	ihn in die Autoecke	zu	ziehen.
Die Kinder decken den Tisch			mit Janto		frühstücken.
Emil und Esra malen Bilder			sie Janto		schenken.

5 Schreibe den Text „Das Willkommenslied" in dein Heft.
- a. Setze alle Kommas.
- b. Markiere das Verb im Infinitiv, die Kommas und die Wörter **um** und **zu**.

→ Das kann ich! Seite 82

Komma bei dass, weil, als, obwohl

Kommas fehlen!

Ayses Gitarre

Ayse mag Musik und hat schon eigene Lieder geschrieben. Sie erzählt oft, dass sie sich beim Singen auf der Gitarre begleiten möchte. Ihr Bruder besorgt heimlich eine gebrauchte Gitarre, weil er ihr helfen will.

Ayse ist glücklich als er ihr das Instrument überreicht. Er sagt ihr auch dass sie im Internet Anleitungen zum Spielen finden kann. Die ersten Versuche klingen gar nicht schlecht obwohl sie noch viel üben muss.

1 Im Text findest du Sätze mit **dass**, **weil**, **als** und **obwohl**.
a. Markiere in diesen Sätzen **dass**, **weil**, **als** und **obwohl**.
b. Kennzeichne im ersten Absatz die Kommas mit einem Pfeil.

2 Im zweiten Absatz fehlen Kommas.
a. Setze die Kommas ein.
b. Kennzeichne die Kommas mit einem Pfeil.

Merkwissen

Die Konjunktionen **dass**, **weil**, **als**, **obwohl** leiten Nebensätze ein. Du trennst sie vom Hauptsatz durch ein **Komma** ab.

…, **dass** … .

…, **weil** … .

Weil …, … .

Die Nebensätze können auch vor den Hauptsätzen stehen.

3 a. Stelle die Sätze aus dem Trainingstext so um, dass die Nebensätze vor den Hauptsätzen stehen.
Tipps: Beginne mit der Konjunktion.
Zwischen den gebeugten Verben steht ein Komma.
b. Kennzeichne die Kommas mit einem Pfeil. Markiere die gebeugten Verbformen.

Dass sie sich beim Singen auf der Gitarre begleiten möchte, erzählt Ayse oft.

Weil

4 Schreibe den Trainingstext „Ayses Gitarre" in dein Heft. Setze alle Kommas.

Z 5 Bilde aus den beiden folgenden Sätzen Satzgefüge.
a. Wähle zwei passende Konjunktionen aus.
b. Schreibe die Sätze in dein Heft.
c. Markiere die gebeugten Verbformen und die Kommas.

Ayse freut sich. Sie kann schon zwei Lieder spielen.

Komma in Relativsätzen

Kommas fehlen!

Vor dem großen Auftritt

Lia, Ayse und Marko spielen in einer Band. Die Band, die sie gegründet haben, heißt Okesai. Der Name, der aus den letzten Buchstaben ihrer Vornamen besteht, gefällt ihnen sehr. Ayse singt und spielt auf ihrer neuen Gitarre, die sie geschenkt bekommen hat. Lia spielt auf einem Schlagzeug, das vom Förderverein gespendet wurde. Marko begleitet sie mit dem Bass, der seinem Onkel gehört.

Sie üben für den großen Auftritt der im Juni sein wird. Alle drei sind sehr aufgeregt. Viele Menschen die sie kennen kommen dorthin. Marko ist erleichtert, weil das Publikum sie dann anfeuert. Lia und Ayse ist das egal, sie wollen endlich auftreten.

1 Wie heißt die Band? Schreibe die Antwort aus dem Text ab.

2 Im Trainingstext findest du mehrere Relativsätze. Sie stehen in der Mitte oder am Ende eines Satzgefüges.

a. Markiere in jedem Relativsatz die Relativpronomen der, das, die oder die.

b. Markiere im ersten Absatz die Kommas vor und nach dem Relativsatz.

3 Im zweiten Absatz fehlen in zwei Relativsätzen die Kommas.

a. Schreibe die beiden Sätze ab und setze die Kommas.

b. Zeichne die passenden Satzbilder aus dem Merkwissen dazu.

c. Markiere die Relativpronomen.

d. Markiere die Kommas mit einem Pfeil.

Merkwissen

Ein **Relativsatz** erklärt ein **Nomen im Hauptsatz** genauer. Er wird mit der, die, das oder die eingeleitet. Der Relativsatz wird durch **Komma** vom Hauptsatz abgetrennt.

Der , **der** .

Das , **das** .

Die , **die** .

Die , **die** .

Der , **der** , .

Das , **das** , .

Die , **die** , .

Die , **die** , .

4 a. Schreibe den Trainingstext „Vor dem großen Auftritt" in dein Heft.

b. Setze alle Kommas.

c. Markiere die Relativpronomen und kennzeichne die Kommas mit einem Pfeil.

5 Schreibe mit Hilfe der Satzschalttafel Satzgefüge mit Relativsätzen in dein Heft.
Tipp: Achte auf das Komma.

Es ist ein komischer Bandname	,	der	aus Buchstaben ihrer Namen besteht. vielen zuerst ungewohnt vorkommt. ihnen trotzdem sehr gut gefällt.
Schon seit einem Jahr gibt es die Schulband Es gibt keine andere Schulband		die	Okesai heißt. Lia, Ayse und Marko gegründet haben. bald auf dem Schulfest spielt.
Alle freuen sich auf das Schulfest Die Bürgermeisterin besucht das Schulfest		das	im Juni stattfinden soll. schon lange geplant wurde. in diesem Jahr zum zehnten Mal stattfindet.

6 Verbinde die folgenden Sätze zu Satzgefügen mit Relativsätzen.
Tipp: Achte auf die Endstellung des Verbs im Relativsatz.
a. Schreibe die Satzgefüge mit den Kommas auf.
b. Markiere das Relativpronomen.
c. Markiere die Kommas mit einem Pfeil.

Lampenfieber ist ein Gefühl. Das habe ich vor jedem Auftritt.
Ayse übt zwei Lieder. Sie sind noch neu.
Die Gitarre hat eine schöne Farbe. Sie erinnert an Honig.
Lia übt auf ihrem Schlagzeug. Es steht im schallgedämmten Keller.

Lampenfieber ist ein Gefühl, das ich vor jedem Auftritt habe.

Z **7** Die Relativsätze können auch in der Mitte des Satzes stehen: ___, ___, ___.
Verbinde die folgenden Sätze zu solchen Satzgefügen.
a. Schreibe die Satzgefüge mit den Kommas auf.
b. Markiere das Relativpronomen.
c. Markiere die Kommas mit einem Pfeil.

Der Songtext hat zwei neue Strophen. Der Songtext stammt von Ayse.
Der Vorhang ist aus schwarzem Samt. Der Vorhang fällt in Falten auf die Bühne.

Der Songtext, der

→ Das kann ich! Seite 83

Verben verwenden

Das Plusquamperfekt mit haben

Mit Tierborsten die Zähne putzen

Vor ungefähr 500 Jahren stellte man in China die ersten pinselförmigen Zahnbürsten her. Nachdem man dafür die Borsten von Schweinen gewonnen hatte, befestigte man diese an Stielen aus Bambus oder Knochen. In Deutschland gab es damals Reinigungsstäbchen für Ohren und Zähne. Nachdem man dafür einen passenden Knochen ausgewählt hatte, verband man ein Ende mit einem Ohrreiniger und das andere mit einem Zahnstocher. Lange hatte man in Europa die Zähne mit Bürsten aus weichem Rosshaar gereinigt, bis dann ein Engländer 1780 eine bessere Zahnbürste mit härteren Kuhborsten herstellte.

1 Wie wurden in China die ersten pinselförmigen Zahnbürsten hergestellt?
- a. Schreibe die Antwort aus dem Text ab.
- b. Welcher Vorgang war schon abgeschlossen? Markiere diese Verbform in einer Farbe.
- c. Welcher Vorgang begann danach? Markiere diese Verbform in einer anderen Farbe.

2 Untersuche die beiden letzten Sätze im Text.
- a. Welcher Vorgang war schon abgeschlossen? Markiere diese Verbform in einer Farbe.
- b. Welcher Vorgang begann danach? Markiere diese Verbform in einer anderen Farbe.

3 Trage alle markierten Verbformen richtig in die Tabelle ein.

Was tat man zuerst? Plusquamperfekt	Was tat man danach? Präteritum
gewonnen hatte	*befestigte*

Merkwissen

Wenn du ausdrücken möchtest, dass ein Vorgang vollendet war, bevor ein anderer begann, verwendest du das **Plusquamperfekt**. Die meisten Verben bilden das Plusquamperfekt mit **haben** und dem **Partizip Perfekt**: *sie **hatten geputzt**.*

4 Setze Formen des Plusquamperfekts vom Rand in den Text ein.

Bevor es die Zahnbürste gab, ______ man zur Reinigung der Zähne auf einem Stock ______. Nachdem man Holzstücke als Zahnstocher ______, wischte man noch die Zähne mit einem Läppchen ab.

hatte gekaut
hatte benutzt

→ Das kann ich! Seite 84

Das Plusquamperfekt mit sein

Was war geschehen, bevor Cem im Behandlungsstuhl des Zahnarztes saß?

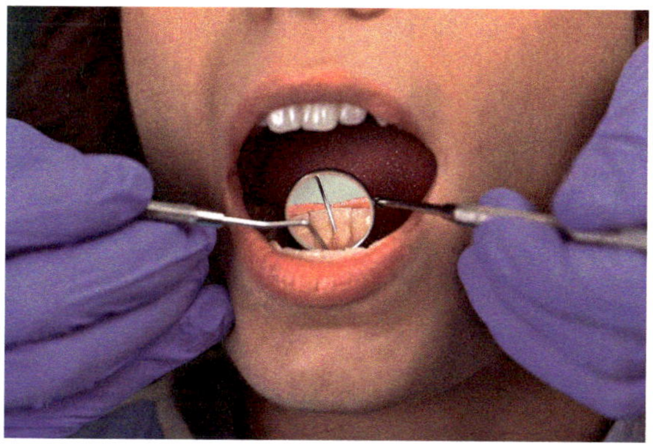

Angst vorm Zahnarzt? Ach was!

Am Montag war Cem mit schlechter Laune aufgestanden. Heute musste er zur Kontrolle zum Zahnarzt. Betrübt war Cem zum Zähneputzen ins Badezimmer geschlichen. Zur Bushaltestelle war er auf Umwegen gegangen. Leider war der Bus pünktlich gekommen. Bevor Cem das Ärztehaus betrat, war er ein paarmal drum herum gelaufen. Aber jetzt saß er endlich im Behandlungsstuhl.
„Alles in Ordnung!", sagte der Zahnarzt gerade.

1 Was tat Cem, bevor er das Ärztehaus betrat?
- a. Schreibe die Antwort aus dem Text ab.
- b. Überlege: Was tat Cem zuerst? Was tat er dann?
- c. Markiere die Verbform im Präteritum und die Verbform im Plusquamperfekt in verschiedenen Farben.

Merkwissen

Viele Verben der Bewegung bilden das Plusquamperfekt mit **sein** und dem **Partizip Perfekt**:
Er war durch den Park gerannt.

2 Was war noch alles passiert, bevor Cem die Praxis verließ?
- a. Schreibe Sätze im Plusquamperfekt mit **war/waren** auf.
  Tipp: Du kannst die Satzschalttafel benutzen.
- b. Markiere die Formen des Plusquamperfekts.

Ein Bote Der Zahnarzt	war	zur Apotheke zum Telefon zum Röntgen aus dem Labor	gefahren. geeilt. gegangen. gekommen.
Mehrere Patienten Zwei Arzthelferinnen	waren		

Das Plusquamperfekt besteht meist aus zwei Verbformen. Deshalb entsteht in vielen Sätzen eine Satzklammer.

3 Was tat Cem, bevor er nach Hause fuhr? Schreibe Sätze mit **war/waren** und den folgenden Wortgruppen in dein Heft.
Tipp: Achte auf die Satzklammer.

zu seinem besten Freund gehen, vor Freude in die Luft springen, durch den Park schlendern

Starthilfe

Bevor Cem nach Hause fuhr, war er durch die Stadt gelaufen.

→ Das kann ich! Seite 84

Der Konjunktiv I in der indirekten Rede

Joey berichtet in einem Internetforum über ein Fußballspiel in der Nordschule.

Ronnis große Stunde

Nach dem spannenden Fußballspiel konnte ich mit zwei begeisterten Zuschauern sprechen. Mara sagte, dass Ronni die Mannschaft gerettet habe. Er habe nämlich ein unglaubliches Siegertor geschossen. Ronni habe sogar den starken Stürmer der Gegenmannschaft ausgetrickst. Von Ergün erfuhr ich, dass Ronni echtes Talent bewiesen habe. Das habe der Trainer vorher gar nicht erkannt.

1 Was haben Mara und Ergün gesagt?
Joey gibt Maras und Ergüns Aussagen im **Konjunktiv I** mit **haben** wieder. Zwei Verbformen sind im Text markiert.

a. Finde im Text alle anderen Verbformen im **Konjunktiv I**.
b. Schreibe sie zusammen mit dem richtigen Personalpronomen auf.

er habe gerettet

Merkwissen

Mit dem **Konjunktiv I** kannst du etwas wiedergeben, das jemand anderes gesagt hat. Manchmal ist dann nicht klar, welche Aussagen stimmen.
Der **Konjunktiv I** wird mit einer Form von **haben** oder **sein** und dem **Partizip Perfekt** gebildet.

Auch Ronni selbst spricht mit Joey.

Ronni erzählt:
„Ich sah den Angriff des Stürmers.
Dann verwickelte ich ihn in einen Zweikampf.
Schließlich stand ich frei und schoss aufs Tor."

Joey schreibt, was er von Ronni erfahren hat:
Ronni habe den Angriff des Stürmers gesehen.
Dann habe er …

2 a. Markiere in Ronnis Aussagen alle Verbformen im **Indikativ**.
b. Schreibe sie zusammen mit dem Personalpronomen in die linke Seite der Tabelle.

3 a. Joey berichtet im **Konjunktiv I** mit **haben**. Ergänze die Verbformen mit dem richtigen Personalpronomen auf der rechten Seite der Tabelle.
b. Schreibe dann in vollständigen Sätzen in dein Heft, was Joey im Forum berichtet.

Starthilfe

Ronni erzählt, er habe den Angriff des Stürmers gesehen. Dann habe er …

Ronnis Aussagen im Indikativ	Joeys Wiedergabe im Konjunktiv I mit haben
ich sah	*Ronni habe gesehen*
	er

Ronni spricht nach dem Spiel mit dem Trainer und erzählt es später zu Hause.

Der Trainer sagt:
„Du bist heute zu großer Form aufgelaufen.
Bei deinem Tor bin ich vor Freude in die Luft gesprungen.
Jetzt ist mir erst aufgefallen, wie gut du spielst!"

Ronni erzählt, was der Trainer gesagt hat:
„Ich **sei** heute zu großer Form **aufgelaufen**.
Bei meinem Tor **sei** er …"

4 Der Trainer verwendet Verbformen im **Indikativ**.
a. Markiere die Verbformen.
b. Schreibe sie zusammen mit den richtigen Personalpronomen in die linke Spalte der Tabelle.

5 Ronni erzählt im **Konjunktiv I** mit **sein**.
a. Ergänze die Verbformen mit dem richtigen Personalpronomen auf der rechten Seite der Tabelle.
b. Schreibe dann in vollständigen Sätzen auf, was Ronni zu Hause erzählt.

Merkwissen

Bei einigen Verben wird der **Konjunktiv I** mit Formen von **sein** gebildet:
ich sei gelaufen
du seist gelaufen
er/sie/es sei gelaufen
wir seien gelaufen
ihr seiet gelaufen
sie seien gelaufen

Aussagen des Trainers im Indikativ	Ronnis Wiedergabe im Konjunktiv I mit sein
du bist aufgelaufen	*ich sei aufgelaufen*

Der Trainer sagt, ich sei heute zu großer Form aufgelaufen. Bei meinem Tor sei er

Joey kann auch Robert und Anna noch zu dem Spiel befragen.

Anna: „Unsere Mannschaft hat doch den Sieg schon fast in der Tasche gehabt!"
Robert: „Aber dann hat Ronni das entscheidende Tor geschossen!"
Anna: „Er ist aber auch sehr schnell gerannt."
Robert: „Ja, leider. Unser Nico ist einfach nicht mitgekommen."

6 Joey gibt das Gespräch in seinem Forum in indirekter Rede wieder.
Ergänze den Lückentext. Verwende den **Konjunktiv I** mit **sein**.

Anna und Robert sagten, dass ihre Mannschaft den Sieg schon fast in der Tasche ______________ . Aber dann ______________ Ronni das entscheidende Tor ______________ . Anna meinte, er ______________ aber auch sehr schnell ______________ . Robert erzählte, ihr Nico ______________ einfach nicht ______________ .

→ Das kann ich! Seite 85

Der Konjunktiv II – Wünsche ausdrücken

In der Umkleidekabine macht sich die Schulmannschaft der Westschule vor ihrem nächsten Fußballspiel große Hoffnungen.

1 Wovon träumen die Spieler? Was wünschen sie sich für das Spiel? In den Gedankenblasen verwenden die Spieler den **Konjunktiv II**.
a. Finde die Verbformen im **Konjunktiv II**.
b. Markiere diese Verbformen.

2 a. Trage die markierten Verbformen mit dem Personalpronomen in die rechte Spalte der Tabelle ein.
b. Ergänze zu den Formen im **Konjunktiv II** in der linken Spalte die passenden Formen im **Präteritum**.
c. Vergleiche die Verbformen im **Konjunktiv II** mit den Verbformen im **Präteritum**. Markiere, was sich verändert hat.

Verb im Infinitiv	Verbform im Präteritum	Verbform im Konjunktiv II
gelingen	*es gelang*	*es gelänge*
geben		
sind		
kommen		
schießen		
bekommen		

Merkwissen

Mit dem **Konjunktiv II** (Möglichkeitsform des Verbs) kannst du ausdrücken, dass etwas nicht oder noch nicht Wirklichkeit ist: Möglichkeiten, erfüllbare oder nicht erfüllbare Wünsche:
Ich wäre gern ein Star.
Der Konjunktiv II wird vom **Präteritum** abgeleitet.

3 Wie heißt die entsprechende Verbform im Konjunktiv II?
Schreibe sie neben die Präteritumform.

Verb im Infinitiv	Verbform im Präteritum	Verbform im Konjunktiv II
fliegen	*sie flogen*	*sie flögen*
nehmen	*ich nahm*	
haben	*du hattest*	
sitzen	*er saß*	
singen	*wir sangen*	
finden	*ich fand*	

Mirka rappt und träumt von einer Karriere als Fußballerin.

4 Setze die richtige Verbform im Konjunktiv II in den Lückentext ein.

(sie) fänden
(sie) flögen
(ich) hätte
(sie) sängen
(ich) wäre
(ich) wüsste

Ich ______________ so gern die beste Spielerin auf dem Spielfeld.

Beim Fußballspielen ______________ ich immer sehr viel Spaß.

Meine Schüsse ______________ so weit wie keine anderen.

Alle meine Freunde ______________ mich großartig.

Bei jedem Tor ______________ sie mir ein Loblied.

Ich ______________ immer den besten Spielzug.

Die anderen Spieler stimmen in Mirkas Rapp ein.

5 Ergänze die richtigen Verbformen in den Sätzen.
Tipp: Bilde zuerst das Präteritum des Verbs.

(ich) gäbe
(sie) sähen
(ich) säße
(wir) trügen
(ich) wäre

Marvin: Ich ______________ (sein) so gerne ein super Stürmer.

Pia: Ich ______________ (geben) Autogramme als Nationalspielerin.

Onur: Ich ______________ (sitzen) nie auf der Ersatzbank.

Fina: Wir ______________ (tragen) die coolsten Fußballschuhe.

Robert: Mich ______________ (sehen) viele Zuschauer in der Sportschau.

Fehler verstehen – Fehler vermeiden

Das Passiv richtig verwenden

In diesem Text wird das Passiv im Präteritum verwendet.
Aber es kommen einige falsche Verbformen vor.

Achtung: Fehler!

Mäuse in der Bachschule

Am Freitag wurden plötzlich Gerüchte über Mäuse in der Cafeteria erzählt. Trotzdem wurden aber keine gesehen. Stattdessen wurde ein angeknabberter Keks entdeckt.
Auch Käsereste wurden funden. Dann wurden alle über den Schullautsprecher gewarnen: „Achtung! Mäuse in der Cafeteria!“ Das Betreten des Raums wurde verbieten.
Außerdem wurden der Hausmeister dringend gebeten, Mäusefallen aufzustellen. Der Hausmeister nahm die Cafeteria genau unter die Lupe. Alle Ecken wurde untersucht.
Am Ende zehn weiße Mäuse aus Plastik wurden gefunden. Im Lautsprecher plötzlich Musik wurde eingespielt. Jemand lachte und sagte: „Ha! Ihr wurdet von eurer Abschlussklasse reingelegt!“

1 Im ersten Satz sind schon eine Präteritumform von **werden** und das Partizip hervorgehoben.
Markiere alle weiteren Präteritumformen von **werden** und die Partizipien im ersten Absatz.

Merkwissen
Das **Passiv** beschreibt, was mit einer Person oder einem Gegenstand getan wird. Du bildest das **Passiv Präteritum** mit einer **Präteritumform** von **werden** und dem **Partizip Perfekt**: *er **wurde entdeckt**.*

2 Im zweiten Absatz stimmen die Partizipien nicht.
a. Markiere alle Präteritumformen von **werden** und die falschen Partizipien.
b. Schreibe die Präteritumformen von **werden** und die richtigen Partizipien mit den passenden Personalpronomen auf.

sie wurden ____________________

____

(sie) wurden gefunden
(sie) wurden gewarnt
(es) wurde verboten

3 Trage die Partizipformen vom Rand richtig in die Sätze ein.

Es wurden Gerüchte über Mäuse ________________ .
Die weißen Mäuse wurden aber nicht ________________ .
Es wurde nur ein angeknabberter Keks ________________ .
Trotzdem wurden alle über den Lautsprecher ________________ .
Das Betreten der Cafeteria wurde ________________ .

(es) wurden erzählt
(es) wurde entdeckt
(sie) wurden gefunden
(es) wurde verboten
(sie) wurden gewarnt

Achte auf die richtige Personalform von werden.

4 a. Markiere im dritten Abschnitt die Präteritumformen von **werden** und die Partizipien.
b. Zwei Formen von **werden** wurden falsch gebildet. Korrigiere die Sätze und schreibe sie richtig auf.

(er) wurde gebeten
(sie) wurden untersucht

Manchmal bilden die Form von werden und das Partizip eine Satzklammer.
Die gebeugte Form von werden steht immer an zweiter Satzgliedstelle:
Die Cafeteria wurde genau unter die Lupe genommen.

2. Satzgliedstelle im Satz

5 a. Markiere in den hervorgehobenen Sätzen im letzten Absatz die Präteritumformen von **werden** und das Partizip.
b. Überlege, wo die Präteritumform von **werden** in den Sätzen stehen muss.
c. Schreibe die Sätze mit der richtigen Reihenfolge der Satzglieder auf.

(sie) wurden … gefunden
(sie) wurde … eingespielt
(ihr) wurdet … reingelegt

6 Schreibe den Trainingstext „Mäuse in der Bachschule“ richtig in dein Heft.

Sogar für die englische Partnerschule wurde über die Mäuse berichtet.

Z **7** a. Übersetze die englischen Sätze ins Deutsche.
b. Markiere in beiden Sprachen die Passivformen.
Tipp: Im Englischen wird das Passiv anders als im Deutschen gebildet.

Mice were seen at our school.
Mäuse ______________________________

But only ten plastic mice were found.
Aber nur ______________________________

Z **8** Vergleiche die Passivformen im Englischen und im Deutschen. Ergänze die Sätze.

Auf Deutsch wird das Passiv mit einer Form von ______________ gebildet.

Auf Englisch wird es mit **is/are**, **was/were** gebildet. Das sind Formen von

to ______________ (sein).

Satzgliedteile verwenden

Satzgliedteile: Relativsätze

Jugendliche der 8. Klasse sprechen über ihre Wünsche für die Zukunft.

Sofia: Ich träume von einem Häuschen, das direkt am Meer liegt.

Ergün: Ich wünsche mir eine große Familie, die gut zusammenhält.

Finan: Ich träume von einem Leben als Tänzer, der auf den großen Bühnen auftritt.

Marlen: Ich wünsche mir viele Freunde auf der ganzen Welt, die ich besuchen kann.

1 Was wünschen sich die Jugendlichen?
a. Formuliere Fragen und Antworten und schreibe sie auf.
b. Verbinde in den Antworten jeweils das Relativpronomen und das dazugehörige Nomen mit einem Pfeil.

Wovon träumt Sofia? Sie träumt von einem Häuschen, das direkt am Meer liegt.
Was wünscht sich Ergün?

2 Setze die richtigen Relativpronomen ein.

Finan hat seit drei Jahren Ballettunterricht, ______ sehr wichtig für ihn ist. Er liebt Musicals, ______ er im Fernsehen oder auf der Bühne ansieht. Am liebsten würde er tanzen können wie die großen Stars, ______ er bewundert. Aber er freut sich auch über die Rolle, ______ er in der Aufführung seiner Ballettschule bekommt.

Merkwissen

Relativsätze sind Nebensätze. Sie erklären ein Nomen im Hauptsatz genauer. Das gebeugte Verb steht immer am Ende des Relativsatzes.
Ich träume von einem Häuschen, das direkt am Meer liegt.

3 a. Bilde aus zwei Hauptsätzen ein Satzgefüge aus einem Hauptsatz und einem Relativsatz. Schreibe das Satzgefüge in dein Heft.
b. Verbinde jeweils das Relativpronomen und das dazugehörige Nomen mit einem Pfeil.
c. Markiere das Komma und das gebeugte Verb in jedem Relativsatz.

Marlen chattet im Internet mit vielen Jugendlichen. Die Jugendlichen kommen aus aller Welt.
Sofia fährt im Urlaub in ein Jugendcamp. Das Jugendcamp liegt nah am Mittelmeer.

In dieser Wunschliste sind die Relativsätze eingeschoben.

Clara, die seit Jahren Pferdebücher liest, träumt vom Reiten.
Ihr Bruder Pierre, der ein Jahr jünger ist, interessiert sich für schnelle Autos. Gerne würde er mal ein Autorennen, das zu den großen internationalen Wettbewerben gehört, miterleben.
Die Zwillinge, die Jo und Kim heißen, wollen bei einem Jugendmarathon mitlaufen.

4 a. Markiere im Relativsatz das Relativpronomen und im Hauptsatz das dazugehörige Nomen mit einem Pfeil.
b. Markiere die gebeugte Verbform im Relativsatz.

5 Ergänze die Sätze in den Lücken mit passenden Relativsätzen. Setze die Kommas.

die ihre Ferien auf einem Pferdehof verbrachte	das am Sonntag stattfindet	der sich im Motorsport gut auskennt

Clara ______________________________ möchte Reiterin werden. Pierre ______________________________ verfolgt die Rennen im Fernsehen.

Das Formel-1-Rennen ______________________________ entscheidet über den neuen Weltmeister.

Mit Relativsätzen kannst du Wiederholungen vermeiden.

6 Verbinde immer zwei Sätze zu einem Satzgefüge mit Relativsatz.
a. Ersetze das Nomen, das wiederholt wird, durch ein passendes Relativpronomen.
b. Schiebe die gebeugte Verbform an das Ende des Satzes.
c. Schreibe die Satzgefüge auf.
Tipp: Denke an die Kommas.

- Jo und Kim möchten mit ihrer Klasse am Berlin-Marathon teilnehmen.
  Die Klasse ist schon ganz aufgeregt.
- Dort laufen Jugendliche die letzten 4,195 km der Gesamtstrecke mit.
  Die Jugendlichen müssen zwischen 10 und 18 Jahre alt sein.
- In der Klasse hängt der Trainingsplan.
  Der Trainingsplan beschreibt für 12 Wochen genau die Trainingseinheiten.

Jo und Kim möchten mit ihrer Klasse, die schon ganz aufgeregt ist, am

→ Das kann ich! Seite 86

Satzgliedteile: Attribute

Sarah hat Schlagzeilen für einen Bericht von einer Modenschau formuliert.

Eine Modenschau

Die Kreativ-AG präsentiert Mode der Zukunft

Achtung: Mode!

Eine überraschende Modenschau

Die Kreativ-AG präsentiert Mode

Achtung: Mode aus einer anderen Welt!

1 a. Vergleiche die linken und rechten Schlagzeilen. Markiere die Unterschiede.
b. Markiere in den rechten Schlagzeilen das Wort, auf das sich die Ergänzungen jeweils beziehen.

2 Du kannst die linken Schlagzeilen selbst interessanter machen.
a. Ergänze sie mit passenden Attributen vom Rand.
b. Schreibe deine Schlagzeilen auf.
c. Markiere die Attribute.

Merkwissen

Das **Attribut** gibt nähere Informationen zu einem **Nomen**.
Es kann vor oder nach dem Nomen stehen:
vorangestelltes Attribut: *die **bunte** Mode,*
nachgestelltes Attribut: *die Kreativ-AG **der Westschule**.*

ungewöhnliche
zum Staunen und Schauen
flippige
aus eigenen Entwürfen
mit Fantasie

In Sarahs Text gibt es viele passende Attribute.

Schülerinnen und Schüler der Kreativ-AG hatten sich mit fantasievollen Kleidungsstücken beschäftigt. Sie sollten dafür außergewöhnliche Materialien verwenden. Eric führte einen Umhang vor. Darauf hatte er Glitzerteile aus CD-Scheiben befestigt. Esra trug ein Gewand mit einer Halskrause. Sie hatte dazu steifes Papier gefaltet und ein regelmäßiges Lochmuster hineingeschnitten. Sina bekam Applaus für ihre Kopfbedeckung aus Fahrradschläuchen.

3 a. Markiere in Sarahs Text alle Attribute.
Tipp: Einige sind bereits markiert.
b. Trage alle Attribute mit dem dazugehörigen Nomen richtig in die Tabelle ein.

vorangestellte Attribute	nachgestellte Attribute
fantasievollen Kleidungsstücken	*Schülerinnen und Schüler der Kreativ-AG*

Nach der Modenschau treffen sich einige Jugendliche, um selbst Kleidungsstücke herzustellen.

Sie entwerfen Modelle ______________________ . Zuerst suchen sie sich einen ______________________ Schnitt. Mit ______________________ Textilkreide zeichnen sie die Kanten ______________________ nach. Dann schneiden sie die Teile ______________________ vorsichtig aus. Esra darf die Nähmaschine ______________________ benutzen. Aus den Stoffteilen entstehen dann ______________________ Hosen und Röcke.

4 a. Welche Attribute passen zu den Nomen? Setze sie in den Lückentext ein.
b. Trage alle Attribute mit dem dazugehörigen Nomen richtig in die Tabelle ein.

nach ihren Vorstellungen – geeigneten – weißer – der Schnittmuster – aus Stoff – ihrer Schwester – ungewöhnliche

vorangestellte Attribute	nachgestellte Attribute
geeigneten Schnitt	*Modelle nach ihren Vorstellungen*

5 Untersuche nun die **nachgestellten** Attribute in der Tabelle.
a. Markiere alle Attribute im Genitiv und schreibe sie zusammen mit dem Nomen heraus.

b. Es bleiben zwei nachgestellte Attribute übrig. Schreibe sie mit dem dazugehörigen Nomen auf und markiere die **Präposition**.

Merkwissen

Das **nachgestellte Attribut** kann
- ein Nomen im **Genitiv** sein: *der Schule, der Frau, des Buches,*
- ein Wort oder eine Wortgruppe mit einer **Präposition** sein: *die Modelle <u>aus der Kreativ-AG</u>, die Hose <u>von Jan.</u>*

→ Das kann ich! Seite 86

Satzgefüge verwenden

Nebensätze mit weil und damit

Schüler und Schülerinnen der 8b wollen einen kleinen Film drehen. Er soll zu dem Großstadtgedicht passen, das sie behandelt haben.

Kleiner Film über die Großstadt

Die Jugendlichen sprechen über die Vorbereitungen für einen Film, den sie am Wochenende drehen wollen. Alle reden durcheinander. Zum Schluss fasst Tomas zusammen: „Ich kann die Kamera mitbringen, weil mein Bruder sie mir bestimmt ausleiht. Weil Luca das schon aus der Film-AG kennt, kümmert er sich um den Ton. Rosa ist für die Beleuchtung zuständig, weil sie damit bereits Erfahrung hat. Alle müssen um 8 Uhr am Hauptbahnhof sein, damit wir im Berufsverkehr die ersten Szenen drehen können. Damit wir wie Reisende aussehen, bringt bitte viele Koffer und Rucksäcke mit." Janosch hat mal wieder nicht richtig zugehört. Er fragt: „Warum sollen wir Koffer mitbringen?" Alle stöhnen auf.

1 Wie reagieren die Jugendlichen auf Janoschs Frage?
Schreibe die Antwort auf.

---

2 Tomas hat in seiner Zusammenfassung Satzgefüge mit **weil** und **damit** verwendet.
- a. Markiere in den Satzgefügen jeweils den Hauptsatz und den Nebensatz unterschiedlich.
- b. Markiere in jedem Satzgefüge die Bindewörter (die Konjunktionen) **weil** oder **damit**.
- c. Finde in den Nebensätzen die gebeugten Verbformen. Markiere sie.
- d. Kennzeichne die Kommas zwischen Hauptsatz und Nebensatz mit einem Pfeil.

Merkwissen

Mit Hilfe eines **Bindeworts** (einer Konjunktion) wie **weil** oder **damit** kannst du Sätze verbinden. Es entsteht ein **Satzgefüge**. Die Konjunktionen leiten den Nebensatz ein. **Das gebeugte Verb** steht im **Nebensatz** immer **an letzter Stelle**. Zwischen Hauptsatz und Nebensatz steht ein **Komma**.

Janosch hört nicht zu, weil er mit seinem Smartphone spielt.
2. Stelle im Hauptsatz — letzte Stelle im Nebensatz

Tomas hat noch einiges vergessen. Darum schickt er allen eine E-Mail.

Said braucht noch einen Arztkittel. Er spielt einen Notarzt.
Rosa soll die weißen Schirme nicht vergessen. Damit können wir mehr Licht auf die Gesichter lenken.
Janosch besorgt eine Gruppenfahrkarte. Wir wollen während einer Straßenbahnfahrt filmen.

3
- a. Welcher Satz in den Satzpaaren gibt immer eine Begründung an? Markiere ihn.
- b. Formuliere den Satz mit der Begründung in einen Nebensatz mit **weil** um.
- c. Schreibe die Satzgefüge in dein Heft.
- d. Markiere in jedem Satzgefüge das Bindewort (die Konjunktion) **weil** und die Kommas.

Starthilfe
Said braucht einen Arztkittel, weil er …

→ Das kann ich! Seite 87

Nebensätze mit obwohl

Die Filmgruppe trifft sich nach dem Filmen in der Schule.

Tomas: Es gibt schöne Szenen im Film, obwohl das Wetter so schlecht war.
Rosa: Das Licht reichte fast immer, obwohl die Sonne kaum schien.
Luca: Die Töne an der Straßenbahnhaltestelle sind gut zu hören, obwohl Janosch dazwischengeredet hat.
Janosch: Sind die Töne jetzt gut oder nicht?
Luca: Schon gut, aber dein Gerede stört ein bisschen.

1 a. Markiere jeweils den Hauptsatz und den Nebensatz unterschiedlich.
b. Markiere in jedem Satzgefüge das Bindewort (die Konjunktion) **obwohl**.
c. Markiere die Kommas.

2 Was meinen Tomas, Rosa und Luca genau?
a. Formuliere ihre Aussagen um.
b. Schreibe sie mit eigenen Worten auf.

Tomas: Das Wetter war zwar schlecht. Trotzdem gibt es schöne Szenen im Film.

Rosa: Die Sonne schien zwar kaum.

Merkwissen

Obwohl ist ein **Bindewort** (eine Konjunktion). Es verbindet einen **Hauptsatz mit einem Nebensatz**.
Der Nebensatz kann **vor** oder **nach** dem Hauptsatz stehen.
Zwischen Hauptsatz und Nebensatz steht ein **Komma**.
Nebensätze mit **obwohl** schränken eine Aussage ein.

3 Welcher Nebensatz passt zu welchem Hauptsatz?
a. Ergänze die Hauptsätze mit Nebensätzen mit **obwohl** vom Rand.
b. Schreibe deine Sätze auf.

Janosch hat das Filmen viel Spaß gemacht,
Die Szene mit dem Notfallarzt ist gelungen,
Der Film zeigt brausenden Großstadtverkehr,

obwohl nur aus einer Straßenbahn heraus gefilmt wurde.
obwohl er sich nicht immer konzentriert hat.
obwohl sie sehr oft wiederholt werden musste.

→ Das kann ich! Seite 87

Nebensätze mit wenn

Die Filmgruppe plant die Präsentation ihres Films über ein Großstadtgedicht.

Janosch: Wenn wir mit dem Großstadtgedicht beginnen, haben wir die Zuschauer gut eingestimmt.
Tomas: Dann kann ein passender Musiktitel folgen.
Rosa: Die Hörspielgruppe kann ihr Ergebnis präsentieren, wenn sie rechtzeitig fertig wird.
Tomas: Es ist bestimmt interessanter, wenn jemand das Programm ansagt. Janosch, willst du die Ansagen machen?

1 a. Überlege:
- Unter welcher Bedingung sind die Zuschauer gut eingestimmt?
- Unter welcher Bedingung kann die Hörspielgruppe ihr Ergebnis präsentieren?

b. Markiere die Antworten im Text.
c. Finde zu dem letzten Satzgefüge mit **wenn** eine weitere Frage. Schreibe sie auf.

2 a. Markiere in den Satzgefügen die Hauptsätze und die Nebensätze unterschiedlich.
b. Markiere die gebeugten Verbformen in den Nebensätzen.
c. Markiere **wenn** und die Kommas.

Merkwissen

Wenn ist ein Bindewort (eine Konjunktion). Es verbindet einen **Hauptsatz** mit einem **Nebensatz**. Nebensätze mit **wenn** geben eine **Bedingung** an.

3 a. Verbinde je zwei der folgenden Sätze mit dem Bindewort **wenn**.
b. Schreibe die Satzgefüge auf.
Tipp: Einige Satzglieder musst du dabei umstellen.
c. Markiere **wenn**, die gebeugte Verbform im Nebensatz und die Kommas.

Wir können den Film vorführen. (wenn) Der Beamer ist betriebsbereit.
Janosch vergißt keine Aussage. (wenn) Wir unterstützen ihn.
Wir verschieben die Präsentation. (wenn) Die Hörspielgruppe ist nicht rechtzeitig fertig.

Wir können den Film vorführen, wenn

→ Das kann ich! Seite 87

Nebensätze mit als, bevor, nachdem, während

Nach der Präsentation unterhalten sich die Mitglieder der Filmgruppe.

Schöner Erfolg!

Rosa: Bevor alle Zuschauer auf ihren Plätzen saßen, war es sehr laut im Raum.

Tomas: Als Janosch seine witzige Begrüßung vorgelesen hatte, hörten aber alle sehr gespannt zu.

Janosch: Zum Glück! Dann war ja das Gedicht dran.

Luca: Während die Musik lief, konnte ich gut die Lautstärke checken.

Rosa: Dann kam endlich unser Film! Die Leute klatschten begeistert, nachdem sie den Film gesehen hatten.

Tomas: Ich glaube, wir sollten mit dem Filmen weitermachen.

1 Der Text enthält Satzgefüge mit den Konjunktionen **als**, **bevor**, **nachdem** und **während**.
a. Markiere die Konjunktionen und die gebeugten Verbformen.
b. Markiere die Kommas.

Merkwissen

Mit Hilfe der **Bindewörter** (der Konjunktionen) **als, bevor, nachdem, während** kannst du Satzgefüge bilden. Diese Konjunktionen leiten den Nebensatz ein. Er kann **vor** oder **nach** dem Hauptsatz stehen.
Nebensätze mit **als**, **bevor**, **nachdem**, **während** geben eine **zeitliche Abfolge** eines Geschehens an.

Auch Ilonka wollte die Präsentation sehen.

2 **Als**, **bevor**, **nachdem** oder **während**?
Setze in den Lückentext die richtigen Konjunktionen und passende Verbformen ein.

(sie) saß
(sie) zuhörte
(sie) bemerkt hatte
(sie) begonnen hatte

Als ____________ Ilonka in der U-Bahn ____________,
spielten zwei Musiker gerade ein mitreißendes Stück.
____________ Ilonka begeistert ____________,
verpasste sie die Haltestelle. Sie fuhr schnell ein Stück zurück,
____________ sie ihren Fehler ____________. Zum Glück erreichte sie
die Schule, ____________ die Präsentation ____________.

3 Bilde aus den Hauptsatzpaaren jeweils ein Satzgefüge mit den Konjunktionen **als**, **bevor**, **nachdem** oder **während**. Schreibe die Satzgefüge auf.
Tipps: Es passen verschiedene Konjunktionen.
Du kannst die Zeitform der Verben ändern.

Ilonka hat die Präsentation gesehen. Sie möchte bei der Filmgruppe mitmachen.
Sie spricht mit Tomas über ihren Wunsch. Sie prüft ihren Terminkalender.

→ Das kann ich! Seite 87

Den Textknacker anwenden

1. Vor dem Lesen
2. Das erste Lesen
3. Den Text genau lesen

? Was erfährst du über Winglets und die Geschichte ihrer Erfindung?

Zur Beantwortung dieser Frage sammelst du Informationen aus dem folgenden Text. Mit dem Textknacker kannst du den Text knacken.

1 Lies den Sachtext mit den Textknacker-Schritten 1 bis 3.

Nicht ganz wie ein Vogel im Wind

☐ ______

Heute halten es viele für selbstverständlich, dass tonnenschwere Jumbojets fliegen können. Dass sich ein solches Gewicht von der Erde lösen kann, liegt unter anderem an der gewölbten Form der Tragflächen. Oberhalb der Tragflächen fließt die Luft schneller vorbei als darunter. An der Flügelspitze treffen also verschiedene Luftgeschwindigkeiten aufeinander. Dadurch kommt es zum Auftrieb: Das ist die Kraft, mit der ein Flugzeug abheben kann.

☐ ______

Dabei entstehen aber außerdem schnelle Drehbewegungen in der Luft. Sie werden auch Luftverwirbelungen genannt und sie bringen gleich mehrere Nachteile mit sich: Luftverwirbelungen erzeugen einen hohen Widerstand. Um diesen zu überwinden, braucht das Flugzeug mehr Treibstoff. Treibstoff ist jedoch teuer und belastet die Umwelt, weil beim Verbrennen Schadstoffe entstehen, wie zum Beispiel Kohlenstoffdioxid (CO_2).

☐ ______

Luftverwirbelungen können auch gefährlich sein. Wenn ein nachfolgendes Flugzeug in eine Luftverwirbelung hineingerät, kann es ins Trudeln kommen und schlimmstenfalls abstürzen. Um Unglücksfälle zu vermeiden, müssen Flugzeuge, die starten wollen, zunächst abwarten, bis sich die Luftverwirbelungen anderer Flugzeuge aufgelöst haben. Das führt an Flughäfen immer wieder zu längeren Wartezeiten.

☐ ______

Für diese Probleme suchten Techniker nach einer Lösung in der Natur: Sie wollten herausfinden, warum Vögel nicht ins Trudeln geraten oder abstürzen, wenn sie anderen Vögeln dichtauf folgen. Betrachtet man die Flügelspitzen von Vögeln genauer, kann man erkennen, dass die Federn am Ende aufgefächert sind. Diese Federn nennt man auch Handschwingen. Vögel können sie immer optimal zum Luftstrom aufstellen. Dadurch entstehen weniger und schwächere Luftverwirbelungen als beim Fliegen mit den starren Tragflächen eines Flugzeugs.

Flugzeugtechniker haben versucht, diesen natürlichen Vorteil zu nutzen. So sind heute an den Enden von Tragflächen Winglets angebracht. Das sind kleine, nach oben gerichtete Anbauten, die Luftverwirbelungen deutlich abschwächen. So werden nachfolgende Flugzeuge weniger gefährdet. Außerdem werden Kosten für den Treibstoff und ein Teil des Ausstoßes von CO_2 eingespart.

Wie viel CO_2 wird auf Flügen mit Winglets eingespart?

Flugstrecke in Flugmeilen	CO_2-Einsparung in Prozent (%)
bis 500	1,0
bis 1000	1,5
bis 1500	2,0
bis 2500	2,5
bis 3500	3,0
bis 4500	3,5
mehr als 4500	4,0

Winglets sind jedoch keine moderne Erfindung. Die Idee hatte Frederick William Lanchester[1] als Erster. Er meldete sie 1897 zum Patent an[2] und erfand zehn Jahre später die Vorläufer der Winglets. 1944 wurden Flugzeuge mit nach unten gerichteten Winglets gebaut. Während der 1970er-Jahre wurde der Treibstoff für Flugzeuge knapp und sehr teuer. Um möglichst wenig Treibstoff zu verbrauchen, wurden daher Winglets an verschiedenen Flugzeugtypen erprobt. Auch für Passagierflüge wurden Flugzeuge mit Winglets eingeführt. So startete am 8. Juli 1985 der Airbus A 310-300 zu seinem Erstflug. Heute sind viele Flugzeuge mit Winglets ausgestattet, denn das Fliegen mit Winglets ist wesentlich günstiger, umweltschonender und sicherer als früher. Die Leichtigkeit des Vogelfluges wurde jedoch bisher nicht erreicht.

1 **Frederick William Lanchester** [sprich: Frederick Uiljem Lenkester]
2 **eine Idee zum Patent anmelden:** das Recht beantragen, zu entscheiden, wer die eigene Idee nutzen darf

Absätze gliedern den Text.

2 a. Nummeriere die Absätze im Text. Schreibe in die Kästchen.
b. Schreibe für jeden Absatz eine passende Zwischenüberschrift auf die Schreibzeilen.

Meine Punkte:
/6
/12

Schlüsselwörter sind zum Verstehen besonders wichtig.

Meine Punkte:

3 Markiere in jedem Absatz die Schlüsselwörter.
Diese Fragen helfen dir dabei.

- Wobei entstehen Luftverwirbelungen? /3
- Welche Nachteile ergeben sich durch Luftverwirbelungen? /3
- Was haben Techniker an Vögeln beobachtet? /2
- Wie haben Techniker ihre Beobachtungen für den Bau von Flugzeugen genutzt? /2
- Welche Vorteile haben Winglets? /3

Die Tabelle erklärt eine Textstelle genauer.

4 Beantworte die folgenden Fragen schriftlich.

- Worum geht es in der Tabelle?

______________________________ /3

- Was steht in den Spalten der Tabelle?

linke Spalte: ________________________ /1

rechte Spalte: ________________________ /1

- Was kannst du an den Werten der Tabelle insgesamt ablesen?

Je mehr Flugmeilen ________________________

______________________________ /3

Du erfährst etwas über die Geschichte der Winglets.

5 In welchem Absatz findest du Informationen über die Geschichte der Winglets?
a. Lies im Text auf den Seiten 72 und 73 nach.
b. Schreibe die Nummer des Absatzes in das Kästchen. /2

Absatz: ☐

6 Was ist wann geschehen?
a. Markiere die Zeitangaben und Ereignisse im Text. /6
b. Nummeriere die Ereignisse am Rand nach ihrer zeitlichen Reihenfolge. /5
c. Ergänze die Zeitangaben auf dem Zeitstrahl. Ordne die passenden Ereignisse vom Rand zu. /6

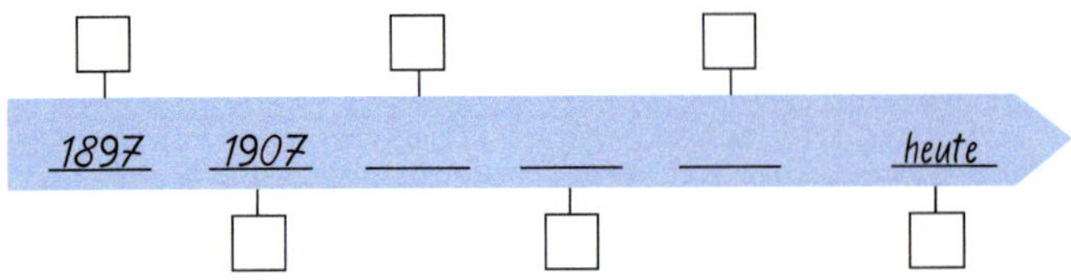

- ☐ Lanchester erfindet Vorläufer der Winglets
- *1* Lanchester meldet seine Idee zum Patent an
- ☐ Flugzeuge mit nach unten gerichteten Winglets werden gebaut
- ☐ erster Passagierflug mit Winglets findet statt
- ☐ viele Flugzeuge sind mit Winglets ausgestattet
- ☐ Winglets werden an verschiedenen Flugzeugtypen erprobt

/58

Meine Gesamtpunktzahl: ☐ **von 58**

43–58 Punkte: Super!

26–42 Punkte: Das kann ich noch besser. Ich übe weiter!

0–25 Punkte: Ich arbeite die Seiten 5 bis 9 noch einmal durch.

Einen Tagesbericht schreiben

Heute begann Tims Arbeit im Eissalon früher als sonst.

Frau Nardelli erklärte mir, wie man Milchshakes macht; durfte gleich zwei ausprobieren

Arbeitsbeginn, mit Frau Nardelli zum Großmarkt gefahren

Bestellungen auf der Terrasse aufgenommen und die Gäste bedient

Mittagspause

in der Küche geholfen; Nachschub für Schokoladen- und Haselnusseis gemacht

alle Einkäufe im Kühlraum und im Lager verstaut

Feierabend

beim Einkauf der Lebensmittel geholfen

1 Ergänze die Merksätze.
Ein Bericht soll einfach und klar antworten auf die W-Fragen:

________________ geschah etwas?

________________ geschah etwas?

________________ war beteiligt?

________________ geschah der Reihe nach?

Einen Bericht schreibt man im ________________.

Meine Punkte: /5

2 a. Lies Tims Notizen auf den Karten oben.
b. Sortiere die Karten der Reihenfolge nach.
Trage die Zahlen 1 bis 8 in die Kästchen ein. /8
c. Schreibe fünf Sätze aus Tims Tagesbericht für die Zeit bis zur Mittagspause um 12 Uhr.

Heute begann die Arbeit schon um

/10

/23

Meine Gesamtpunktzahl: von 23

18–23 Punkte: Super!

10–17 Punkte: Das kann ich noch besser. Ich übe weiter!

0–9 Punkte: Ich arbeite die Seiten 11 bis 14 noch einmal durch.

Eine Tätigkeitsbeschreibung überarbeiten

Berufsbild Erzieher

1 *Erzieher im Kindergarten haben viele verschiedene Aufgaben. Ich finde, sie müssen prima mit Menschen umgehen können und vor allem riesengroßen Spaß am Umgang mit Kindern haben. Die vorschulische Erziehung, Förderung und Begleitung von Kindern steht bei der Arbeit im Mittelpunkt.*

2 *Die täglichen Abläufe sind oft gleich. Dabei müssen Erzieher die Freuden, Sorgen und Nöte der Kinder ernst nehmen und bei Konflikten Lösungen finden. Erzieher machen viele Spiele mit den Kindern. Sie planen und machen auch Ausflüge. Sie machen Bastelarbeiten und machen auch Vorlesestunden.*

3 *Kindergärten gibt es in jeder Stadt. Erzieher können nach ihrer Ausbildung aber auch in Horten, Heimen und Beratungsstellen tätig sein. Die Ausbildung dauerte zwischen zwei und fünf Jahren. Man kann sie an staatlichen oder privaten Schulen absolvieren.*

Davids Tätigkeitsbeschreibung kannst du noch verbessern.

Meine Punkte:

1 In welchem Satz im Absatz 1 drückt David Gedanken und Gefühle aus?
- a. Markiere den Satz. /1
- b. Verbessere den Satz so, dass nur sachliche Informationen vorkommen. Schreibe den verbesserten Satz auf. /3

2 In Absatz 2 hat David ein Verb in der gleichen Form mehrmals wiederholt.
- a. Markiere die Wiederholungen im Text. /4
- b. Ersetze die markierten Verben durch treffendere Ausdrücke. Schreibe die verbesserten Sätze auf. /4
  Tipp: Die Wortgruppen am Rand helfen dir.

(sie) spielen viel
(sie) führen durch
(sie) leiten an
(sie) gestalten

3 Welche Verbform steht in Absatz 3 nicht im Präsens?
- a. Streiche die falsche Verbform durch. /1
- b. Wie lautet der Satz richtig? Schreibe den verbesserten Satz auf. /2

/15

Meine Gesamtpunktzahl: ___ **von 15**

10–15 Punkte: Super!

5–9 Punkte: Das kann ich noch besser. Ich übe weiter!

0–4 Punkte: Ich arbeite die Seiten 16 bis 18 noch einmal durch.

Stellung nehmen

Umweltschützer möchten Plastiktüten verbieten, um Umweltschäden zu vermeiden.

- Kaufhäuser und Firmen brauchen die Tüten für ihre Werbung.
- Plastikmüll in den Meeren schadet Tieren.
- Erdöl ist kostbar und sollte nicht für die Herstellung von Plastiktüten verwendet werden, die nur einmal benutzt werden.
- Heute kann man schon Folientüten herstellen, die schnell verrotten.
- Mit einer Gebühr für Plastiktüten erreicht man eher, dass weniger Tüten verwendet werden.
- Plastik verrottet sehr langsam und setzt gefährliche Chemikalien frei.

Meine Punkte:

1 a. Lies die verschiedenen Argumente.
b. Sortiere die Argumente für und gegen ein Verbot in die richtige Tabelle ein. /6

Argumente für ein Verbot	Beispiel Nr.
Argumente gegen ein Verbot	**Beispiel Nr.**

2 Mit Beispielen kann man Argumente stützen und anschaulich machen.
a. Lies die Beispiele unten in der Liste.
b. Welche Beispiele passen zu den Argumenten in der Tabelle?
Trage zu jedem Argument die passende Nummer in die rechte Spalte ein. /6

Beispiele:
1. Fast jeder Mensch hat bereits Chemikalien im Blut, die aus Plastikresten stammen, die über die Nahrung aufgenommen werden.
2. In Irland muss man für Plastiktüten eine Gebühr bezahlen. Dadurch sind 90 % der Plastiktüten verschwunden.
3. Es wurden Wale gefunden, die Plastikmüll gefressen haben und daran gestorben sind.
4. So findet man auf Plastiktüten Firmenlogos und Abbildungen von Produkten.
5. In Deutschland werden die meisten Plastiktüten nur 25 Minuten lang benutzt.
6. Es gibt schon Plastiktüten aus Mais, die kompostierbar sind.

Für ein Internetforum hat Selina zu diesem Thema eine Stellungnahme verfasst.

Einleitung

Für ein Referat habe ich in einem Bericht über Plastikmüll gelesen, dass Umweltschützer Plastiktüten verbieten wollen. Dann gibt es nicht so viel Plastikmüll. Ich möchte zum Verbot der Plastiktüten Stellung nehmen.

Hauptteil

Plastikmüll verschmutzt die Strände, das sieht nicht schön aus. Für die Herstellung von Plastiktüten wird wertvolles Erdöl verbraucht. Das ist Verschwendung, weil beispielsweise in Deutschland eine Tüte im Durchschnitt nur 25 Minuten lang benutzt wird.
Plastik verrottet sehr langsam, zum Beispiel braucht eine Plastiktüte dafür 400 Jahre. Dabei gelangen gefährliche Chemikalien in die Umwelt und auch in den menschlichen Körper. Viel Plastikmüll sammelt sich in den Weltmeeren und schadet den Meerestieren.

Schluss

Plastikmüll hat auf unserer Erde viele schädliche Auswirkungen. Darum bin ich dafür, dass es ein Verbot von Plastiktüten gibt. So kann die Müllmenge verringert werden. Ich möchte alle Leser dieses Forums dazu aufrufen, auf Plastiktüten möglichst zu verzichten oder sie wenigstens mehrmals zu benutzen.

3 Untersuche Selinas **Einleitung**. Beantworte folgende Fragen und kreuze an:

	ja	nein
• Hat sie das Thema ihrer Stellungnahme genannt?	☐	☐
• Hat sie aufgeschrieben, wie sie zu dem Thema gekommen ist?	☐	☐
• Hat sie aufgeschrieben, welche Meinung sie zum Thema hat?	☐	☐

Meine Punkte: /3

4 Untersuche Selinas **Hauptteil**. Beantworte folgende Fragen und kreuze an:

	ja	nein
• Hat sie **alle** Argumente mit passenden Beispielen unterstützt?	☐	☐
• Hat sie mit einem **wichtigen** Argument begonnen?	☐	☐
• Hat sie ihre Sätze durch passende Wörter wie **weil, zum Beispiel** oder **beispielsweise** verknüpft?	☐	☐

/3

5 Untersuche Selinas **Schluss**. Beantworte folgende Fragen und kreuze an:

	ja	nein
• Hat sie ihre Aussagen zusammengefasst?	☐	☐
• Ist klar geworden, ob Selina für oder gegen ein Verbot von Plastiktüten ist?	☐	☐

/2

6 In Selinas Einleitung fehlt etwas.
Ergänze die Einleitung. Schreibe einen Satz auf.
Tipp: Deine Lösung aus Aufgabe 3 hilft dir.

____

____

/3

7 Schreibe einen vollständigen Satz mit einem Beispiel zu Selinas letztem Argument.
Tipp: Schaue bei den Beispielen von Aufgabe 2 nach.

____

____

/3

/26

Meine Gesamtpunktzahl: ☐ **von 26**

22–26 Punkte: Super!

14–21 Punkte: Das kann ich noch besser. Ich übe weiter!

0–13 Punkte: Ich arbeite die Seiten 21 bis 24 noch einmal durch.

Rechtschreiben: Wortgruppen mit nehmen und fahren

Vorbereitung auf die Ferien

Dilaria und Irina bereiten sich auf ihre Radtour vor. Dafür wollen sie sich ausreichend Zeit nehmen. Sie wollen jeden Tag mindestens eine halbe Stunde Rad fahren. Um richtig fit zu werden, wollen sie auch noch schwimmen und Inliner fahren. Nach einem anstrengenden Trainingstag möchten beide gern ein warmes Bad nehmen.

Meine Punkte:

1 Ergänze den Merksatz.
Wortgruppen mit **fahren** und **nehmen** werden ____________ geschrieben. /1

2 Im Text gibt es zwei Wortgruppen mit **fahren** und zwei Wortgruppen mit **nehmen**.
a. Markiere die Wortgruppen. /2
b. Schreibe sie auf. /2

____

____

Im Lückentext unten fehlen Wortgruppen mit fahren und nehmen.

Abschied in Angriff Auto in Besitz Rad fahren nehmen

3 Bilde aus den Nomen und den Verben vom Rand fünf sinnvolle Wortgruppen. /5

____

____

4 Ergänze in den Lücken die passenden Wortgruppen aus Aufgabe 3.
Tipp: Manchmal steht bei diesen Wortgruppen eine **Präposition** davor.

Bald geht die Reise los. Die Mädchen müssen von ihrer Familie

____________________ .

Irinas Bruder darf schon ____________ und bringt sie zum Bahnhof.

Ihr Zugabteil ist leer. Darum können sie die Fensterplätze

____________________ .

In drei Stunden sind sie da. Dann können sie endlich ihre Radtour ____________

____________________ .

Heute werden sie sicher noch zwei Stunden lang ____________ . /5

/15

Meine Gesamtpunktzahl: ____ **von 15**

11–15 Punkte: Super!

6–10 Punkte: Das kann ich noch besser. Ich übe weiter!

0–5 Punkte: Ich arbeite die Seite 37 noch einmal durch.

Rechtschreiben: Höfliche Anrede

Tarek hat einen Brief an den Sea-Life-Abenteuerpark in Oberhausen geschrieben.

1 Schreibe die Pronomen in der richtigen Groß- und Kleinschreibung in die Lücken.

Sehr geehrte Damen und Herren,

am 19. März möchten __________ (WIR) unseren Klassenausflug nach Oberhausen machen. In der Zeitung haben wir __________ (IHRE) Werbung für einen Besuch __________ (IHRES) Abenteuerparks gefunden. Deshalb möchte __________ (ICH) mich bei __________ (IHNEN) erkundigen, ob und wann __________ (WIR IHRE) Einrichtung besuchen können. Wir haben erfahren, dass __________ (SIE) eine Backstage-Tour mit einem Blick hinter die Kulissen anbieten. Auf __________ (IHRER) Homepage schreiben __________ (SIE), dass __________ (IHRE) Mitarbeiter dabei die Technik im Maschinenraum erklären. Das alles interessiert __________ (UNS) sehr. Deshalb wären __________ (WIR IHNEN) sehr dankbar, wenn __________ (SIE) uns mitteilen könnten, ob der Termin möglich ist. Wir danken __________ (IHNEN) für __________ (IHRE) Mühe.

Mit freundlichen Grüßen
Tarek S.

Meine Punkte: ___ /17

Rechtschreiben: Wochentage und Tageszeiten

2 Ergänze den Satz:
Zeitangaben, die Nomen sind, schreibt man __________ .

___ /2

3 Schreibe die Zeitangaben in richtiger Schreibung in die Lücken.

Am __________ (DONNERSTAG) lässt sich Tarek noch einmal den Termin bestätigen. Er ruft am __________ (DONNERSTAGNACHMITTAG) in Oberhausen an. Die Klasse will am nächsten __________ (MITTWOCH) am frühen __________ (MORGEN) losfahren. Den ganzen __________ (VORMITTAG) über können sie sich die Aquarien ansehen. Am __________ (MITTWOCHNACHMITTAG) werden sie dann die Backstage-Tour machen.

___ /12

___ /31

Meine Gesamtpunktzahl: ___ **von 31**

21–31 Punkte: Super!

14–20 Punkte: Das kann ich noch besser. Ich übe weiter!

0–13 Punkte: Ich arbeite die Seiten 40 bis 41 noch einmal durch.

Rechtschreiben: Den Rechtschreib-Check anwenden

Sommerferien am Meer

Achtung: Fehler!

Bald beginnen die nächsten Ferien. Neilos freut sich darauf,

seine Freundinnen un Freunde aus Griechenland wiederzusehen.

Das gute an den Ferien ist: Man kann jeden Tak ausschlafen.

Aber Neilos möchte gern zum fischen gehen. Dann muss er früh aufstehen.

Auf die Bootsfahrt freut er sich sehr. Ob er in diesem Jar mehr Fische fengt?

1 Entscheide: Sind die hervorgehobenen Wörter richtig oder falsch geschrieben? Wende den Rechtschreib-Check an.

a. Schreibe über die markierten Wörter die Nummer des Checkpunktes, den du anwenden kannst.

b. Streiche die Fehlerwörter durch. Schreibe die verbesserten Wörter auf die Linie.

Meine Punkte: /8 /6

Checkpunkte	
1	Deutlich sprechen – genau hinhören
2	Lang oder kurz?
3	Verwandtes Wort?
4	b oder p, d oder t, g oder k am Wortende?
5	Groß oder klein?

2 Mit welchem Checkpunkt prüfst du die markierten Wörter, die in einer Reihe stehen? Schreibe die Nummer des richtigen Checkpunkts hinter die Wörter in das Feld.

das Sieb, sie gibt, er blieb zu Hause, der Tag

er kam, wir kennen das, die Wolle, die Wolke

die Häuser, er läuft, sie schläft, das Geschäft

geben, sehen, die Blume, rund, das Gold

ein langer Lauf, viel Buntes, etwas Neues

/5

/19

Meine Gesamtpunktzahl: von 19

16–19 Punkte: Super!

9–15 Punkte: Das kann ich noch besser. Ich übe weiter!

0–8 Punkte: Ich arbeite die Seiten 44 bis 49 noch einmal durch.

Rechtschreiben: Komma in Infinitivsätzen

Jantos erster Praktikumstag

Janto legt sich abends seine Kleidung zurecht, um am nächsten Morgen Zeit zu sparen.

Er frühstückt, um seinen ersten Praktikumstag nicht hungrig zu beginnen.

Die Kinder stellen sich auf, um ein Lied zu singen.

Janto winkt, um alle zu begrüßen.

Die Kindergartenleiterin führt Janto umher, um ihm alles zu zeigen.

Meine Punkte:

1 Im Text findest du Sätze mit Verben im **Infinitiv** und mit **um** und **zu**.
a. Markiere die Verben im **Infinitiv** und die Wörter **um** und **zu**. /15
b. Markiere die Kommas mit einem Pfeil. /5

2 Ergänze die Merksätze.

Infinitivsätze beginnen oft mit ______________

und enden mit ______________ + Infinitiv.

Sie werden durch ______________ vom Hauptsatz getrennt. /3

3 Finde in folgenden Sätzen die Verben im **Infinitiv** und die Wörter **um** und **zu**.
a. Markiere in jedem Satz das Verb im **Infinitiv** und die Wörter **um** und **zu**. /15
b. Setze die fehlenden Kommas. /3

Esra sucht Janto um mit ihm zu spielen.

Die Kinder räumen den Tisch ab um daran zu basteln.

Janto setzt sich in die Kuschelecke um mit den Kindern zu singen.

Satzzeichen fehlen!

4 Schreibe drei sinnvolle Sätze mit **um** … **zu** auf. /6
Tipp: Achte auf das Komma.

Emil klopft Janto auf den Rücken			ihn etwas		gehen.
Die Kinder ziehen Regensachen an	,	um	es Janto	zu	schenken.
Sie malen ein Plakat			nach draußen		fragen.

/47

Meine Gesamtpunktzahl: ___ von 47

38–47 Punkte: Super!

20–37 Punkte: Das kann ich noch besser. Ich übe weiter!

0–19 Punkte: Ich arbeite die Seite 52 noch einmal durch.

Rechtschreiben: Komma in Relativsätzen

Musik kann laut sein!

1 Lia, Ayse und Marco üben jede Woche mit ihrer Band. Bisher treffen sie sich bei Lia. In ihrem Zimmer, das im ersten Stock eines Mehrfamilienhauses liegt, haben sie genug Platz. Lias Eltern, die selbst in einer Band spielen, finden die Musik toll.

2 Nicht so begeistert ist das Paar das nebenan wohnt. Lia, Ayse und Marco laden die beiden zu ihrem Auftritt ein der am Wochenende stattfindet. Zum Glück dürfen sie bald in einem Raum der gut schallisoliert ist üben.

Kommas fehlen!

Meine Punkte:

1 Im Text findest du fünf Satzgefüge mit Relativsätzen.
- a. Markiere in jedem Relativsatz die Relativpronomen der, das, die oder die. /5
- b. Markiere im ersten Absatz die Kommas vor und nach dem Relativsatz mit einem Pfeil. /4

2 In Absatz **2** des Textes fehlen in drei Satzgefügen die Kommas.
- a. Schreibe die drei Satzgefüge ab und setze die Kommas. /4
- b. Markiere die Relativpronomen. /3
- c. Markiere die Kommas mit einem Pfeil. /4

3 Verbinde folgende Sätze zu Satzgefügen mit Relativsätzen.
- a. Schreibe die Satzgefüge auf. /4
- b. Markiere die Relativpronomen. /4
- c. Markiere die Kommas mit einem Pfeil. /4

Ayse stimmt ihre Gitarre. Die Gitarre hat sie vorher geputzt.
Lia baut das Schlagzeug auf. Das Schlagzeug muss auch gestimmt werden.
Sie freuen sich über das Lob ihres Musiklehrers. Ihr Musiklehrer ist ganz stolz auf sie.
Hinter der Bühne warten ihre Freunde. Die Freunde gratulieren ihnen begeistert.

/32

Meine Gesamtpunktzahl: von 32

24–32 Punkte: Super!

17–23 Punkte: Das kann ich noch besser. Ich übe weiter!

0–16 Punkte: Ich arbeite die Seiten 54-55 noch einmal durch.

Grammatik: Das Plusquamperfekt verwenden

Die Tunnelräuber

(sie) hatten gebohrt
(sie) hatten gebracht
(sie) hatten gegraben
(sie) hatten gelegt

In der vorigen Woche verschafften sich Räuber Zugang zu einer Bank. Nachdem die Täter von einer anliegenden Tiefgarage aus ein Loch in eine Betonwand ______________, gruben sie von dort einen langen Gang bis zum Bankgebäude. Werkzeug und Material ______________ sie vorher bequem mit dem Auto in die Tiefgarage ______________. Nachdem sie wochenlang den Verbindungstunnel ______________, erreichten sie den Tresorraum. Dort räumten sie über 300 Schließfächer aus und flüchteten. Zuvor ______________ die Räuber noch ein Feuer ______________, um Spuren zu vernichten.

1 Im Lückentext fehlen Verbformen im Plusquamperfekt mit **haben**.
Setze die richtigen Formen in den Lückentext ein.

Meine Punkte: /8

2 Bevor die Polizei mit ihrer Arbeit beginnen konnte, war noch einiges am Tatort passiert.
a. Schreibe vollständige Sätze im Plusquamperfekt mit **sein** auf. /8
b. Markiere die Verbformen des Plusquamperfekts. /8

(sie) war abgerückt
(sie) waren gefahren
(sie) waren gegangen
(sie) waren gekommen

Mehrere Polizeiwagen ______ mit Blaulicht auf das Gelände ______. (fahren)

Schaulustige ______ bis an die Absperrung ______. (kommen)

Die Spurensicherung ______ zuerst in den Tresorraum ______. (gehen)

Die Feuerwehr ______ nach dem Löschen des Brandes ______. (abrücken)

/24

Meine Gesamtpunktzahl: ___ **von 24**

19–24 Punkte: Super!

10–18 Punkte: Das kann ich noch besser. Ich übe weiter!

0–10 Punkte: Ich arbeite die Seiten 56 und 57 noch einmal durch.

Grammatik: Den Konjunktiv I verwenden

Ein Reporter hat Roman nach dem Handballspiel der Nordschule gegen die Südschule interviewt. Er berichtet darüber im Lokalradio.

Von Roman aus der Mannschaft der Südschule erfuhr ich: Es habe schon 9:9 gestanden, aber die Mannschaft der Südschule habe dann ihren besten Spieler auf das Feld geschickt. Roman habe nur kurz seinen Mitspielern zugenickt und schon sei er im Ballbesitz gewesen. Sofort sei er auf das gegnerische Tor zugerannt und habe kurz vor dem Tor den Ball noch abgegeben. Ercan habe den Pass gefangen und habe den Ball mit voller Wucht in das Netz geworfen. In der Halle sei großer Jubel laut geworden. In der letzten Minute habe die Mannschaft der Südschule also doch noch gesiegt!

1 Der Reporter gibt die Aussagen der Zuschauer im **Konjunktiv I** mit **haben** und **sein** wieder. Zwei Verbformen sind im Text schon markiert. Schreibe alle Verbformen im **Konjunktiv I** mit dem richtigen Personalpronomen auf.

Roman – er
Ercan – er
der Jubel – er
die Mannschaft – sie

es habe gestanden, sie ______________________

____

____

Meine Punkte: /10

Roman und Ercan aus der Siegermannschaft erzählen weiter.

Roman: „Es ist ein sehr spannendes Spiel gewesen. Ich bin zuerst selbst zum Tor gelaufen. Aber dann hat mir Ercan ein Zeichen gegeben. Er hat in der besseren Position gestanden."
Ercan: „Kein Gegner hat mich bewacht. Da habe ich den Arm gehoben und habe Roman auf mich aufmerksam gemacht. Er hat mein Angebot angenommen. So ist es zu dem Tor gekommen."

2 Der Reporter gibt das Gespräch im Radio in indirekter Rede wieder. Ergänze den Lückentext. Verwende den **Konjunktiv I** mit **sein** und **haben**.

(er) habe gestanden
(er) habe bewacht
(er) sei gelaufen
(er) habe gehoben
(er) habe angenommen
(er) habe gegeben
(es) sei gewesen
(er) habe gemacht
(es) sei gekommen

Roman erzählte, für ihn ____________ es ein spannendes Spiel ____________ . Er ____________ zuerst selbst zum Tor ____________ . Aber dann ____________ Ercan ihm ein Zeichen ____________ . Er ____________ einfach in der besseren Position ____________ . Nach Ercans Eindruck ____________ ihn kein Gegner ____________ . Da ____________ er den Arm ____________ und Roman auf sich aufmerksam ____________ . Roman ____________ das Angebot ____________ . So ____________ es zum Tor ____________ .

/18

/28

Meine Gesamtpunktzahl: ____ **von 28**

23–28 Punkte: Super!

15–22 Punkte: Das kann ich noch besser. Ich übe weiter!

0–14 Punkte: Ich arbeite die Seiten 58-59 noch einmal durch.

Grammatik: Attribute verwenden

Mit Attributen kannst du den folgenden Text anschaulicher gestalten.

Schülerinnen und Schüler der Mode-AG entwerfen ______________ Modelle für Tierliebhaber. Mit ihren Produkten ______________ wollen sie das Tierheim unterstützen. Die Jugendlichen fertigen ______________ Hundeleinen. Ihre Katzen- und Hundedecken ______________ sind sehr begehrt. Der Erlös ______________ geht an das Tierheim.

> aus Abfallstoffen
> außergewöhnliche
> des Verkaufs
> fantasievolle
> aus Stoffresten

Meine Punkte:

1 a. Ergänze Wörter und Wortgruppen vom Rand als Attribute in den Lücken im Text. /5
b. Trage alle Attribute mit dem dazugehörigen Nomen richtig in die Tabelle ein. /5

vorangestelltes Attribut + Nomen	nachgestelltes Attribut + Nomen

Grammatik: Relativsätze verwenden

Satzzeichen fehlen!

In diesen Satzgefügen fehlen Kommas.

Marlon nimmt seit vier Jahren Gitarrenunterricht der ihm viel Spaß macht.

Mit seiner Gitarrenlehrerin die schon viele Konzerte gab wird er demnächst zusammen auftreten.

Regelmäßig proben sie das Stück das sie spielen werden.

2 a. Markiere in jedem Relativsatz das Relativpronomen. /3
b. Setze die fehlenden Kommas. /4

3 Verbinde immer zwei Sätze zu einem Satzgefüge mit einem Relativsatz. /6
Dazu musst du einen Hauptsatz zu einem Relativsatz umformulieren.
Tipp: Achte auf die Kommas vor und nach dem eingeschobenen Relativsatz.

Marlon hat ein neues Lied geschrieben. Das Lied gefällt seiner Freundin sehr.
Er muss die Gitarrengriffe lange üben. Die Gitarrengriffe sind schwierig.

____

____

____

/23

Meine Gesamtpunktzahl: ____ **von 23**

19–23 Punkte: Super!

12–18 Punkte: Das kann ich noch besser. Ich übe weiter!

0–11 Punkte: Ich arbeite die Seiten 64 und 67 noch einmal durch.

Grammatik: Satzgefüge verwenden

1 a. Verbinde je zwei der folgenden Sätze mit dem Bindewort **wenn**.
Tipp: Einige Satzglieder musst du dabei umstellen.
b. Schreibe vollständige Sätze auf.
c. Markiere das Komma und das Verb im Nebensatz.

(wenn) Tarik hängt an seine Tür ein Schild.	Er will in seinem Zimmer allein sein.
(wenn) Jemand klopft an.	Tarik öffnet ihm die Tür.
Tarik darf mit seinen Freunden kochen.	(wenn) Alle räumen anschließend die Küche auf.

Meine Punkte: /9

2 Ihre Wohnung gefällt Tarik und seinem Vater ganz gut.
Aber ein paar Dinge stören.
a. Bilde Sätze mit **obwohl** und schreibe sie auf.
b. Markiere das Komma und das Verb im Nebensatz.

Die Wohnung ist nicht sehr hell.	(obwohl) Zwei Zimmer liegen nach Westen.
Im Badezimmer ist wenig Platz.	(obwohl) Es gibt nur eine Dusche.
(obwohl) Die Straße vor dem Haus ist laut.	Sie sitzen manchmal auf dem Balkon.

/9

3 a. Bilde drei Satzgefüge mit einer passenden Konjunktion.
Tipp: Es gibt mehrere Möglichkeiten.
b. Markiere alle Kommas
c. Markiere in den Nebensätzen das gebeugte Verb.

als, bevor, nachdem, weil, während

Tarik räumte heute sein Zimmer auf. Er fand seine Badehose wieder.
Tarik saugte den Fußboden. Der Strom fiel plötzlich aus.
Tarik war endlich fertig. Sein Vater überraschte ihn mit einer Pizza.

/12

/30

Meine Gesamtpunktzahl: von 30

24–30 Punkte: Super!

17–23 Punkte: Das kann ich noch besser. Ich übe weiter!

0–16 Punkte: Ich arbeite die Seiten 68 bis 71 noch einmal durch.

Textquellen
Gerrit Engelke: Auf der Straßenbahn (S. 26). Aus: ders.: Das Gesamtwerk. Rhythmus des neuen Europa. Frankfurt am Main 1960, S. 24.
Cornelia Funke: Tintenblut (S. 31). Aus: Tintenblut. Oetinger Verlag, 2011. S. 120-122.
Martin Cames, Odette Deuber, Ulrike Rath: Emissionshandel im internationalen zivilen Luftverkehr. (S. 73) Herausgegeben vom Ökoinstitut e.V., Institut für angewandte Ökologie, S. 146.
Alle weiteren Texte sind Originalbeiträge.

Bildquellen
S. 6 von links nach rechts: Sammlung Dieter Meinhardt/INTERFOTO, picture-alliance/picture-alliance/dpa, Sammlung Rauch/ INTERFOTO, SZ-Photo/Scherl - Süddeutsche Zeitung Photo, S. 15: (c) Ocean/Corbis, S. 16: Nikki Zalewski - Fotolia.com, ImagebrokerRM - Glow Images, S. 20: knipsblick - Fotolia.com, S. 25: vladimirfloyd - Fotolia.com, S. 27: Vintage Germany, S. 38: Steffen Sinzinger - Fotolia.com, S. 39: Djordje Korovljevic - Fotolia.com, S. 42: CandyBox Images - Fotolia.com, S. 50: jogyx - Fotolia.com, S. 51: Zhenia Vyazankina - Fotolia.com, S. 57: ocskaymark - Fotolia.com, S. 58: RomainQuéré - Fotolia.com, S. 64: kuco - Fotolia.com, S.65: Rido - Fotolia.com, S. 66: Celso Pupo - Fotolia.com, S. 72 von oben nach unten: Deutsches Zentrum für Luft und Raumfahrt e.V., Köln, picture-alliance/picture alliance/WILDLIFE, S. 73: mauritius images

Illustrationen
Rüdiger Trebels, Düsseldorf

Redaktion: Marion Clausen, Sarah Kriz, Daphná Pollak
Bildrecherche: Marion Clausen, Daphná Pollak
Umschlaggestaltung: Cornelsen Verlag, Design / Klein & Halm Grafikdesign, Berlin
Umschlagfoto: Peter Wirtz, Dormagen
Layout und technische Umsetzung: zweiband.media, Berlin

www.cornelsen.de

1. Auflage, 1. Druck 2014

Alle Drucke dieser Auflage sind inhaltlich unverändert
und können im Unterricht nebeneinander verwendet werden.

Druck: Himmer AG, Augsburg

ISBN 978-3-06-061680-0

Inhalt gedruckt auf säurefreiem Papier aus nachhaltiger Forstwirtschaft.

Doppel-Klick 8

Das Arbeitsheft + Sprachförderung

Lösungen

Seite 4

1 **a.** und **b.** Die richtige Reihenfolge der Sätze ist:

8	3	5	2
1	4	6	7

2

Was geschah schon?	Was ist jetzt?	Was wird noch geschehen?
vorhin	jetzt	danach
zuerst		nachher
davor		später
dann		

3 *Das könntest du aufgeschrieben haben:*
Ich stellte *zuerst* alle Zutaten bereit.
Danach holte ich auch alle benötigten Küchengeräte.
Jetzt esse ich den ersten Muffin.
Die Geräte spüle ich *später* ab.
Vorher schicke ich Malia und Juri nach Hause.
Sonst essen sie mir alle Muffins auf!

Seite 5

1 *Das könntest du aufgeschrieben haben:*
In dem Text geht es vermutlich darum, wie die Menschen im Laufe von Jahrtausenden gelernt haben, mit Hilfe von Flugapparaten fliegen zu können.

Seite 8

5 1 Der Traum vom Fliegen
2 Die Flügel von Otto Lilienthal
3 Der Doppeldecker der Brüder Wright
4 Der erste Linienflug
5 Die Luftschraube von Leonardo da Vinci
6 Der Heißluftballon der Brüder Montgolfier
7 Millionen Fluggäste heute

6 *Diese Schlüsselwörter könntest du markiert haben:*
Absatz 1: Flughafen, Flugzeug, träumen, wie die Vögel in die Luft erheben, langer Weg
Absatz 2: den Vögeln das Geheimnis des Fliegens abschauen, vor etwa 120 Jahren, Otto Lilienthal, Flügel, mit Stoff bespannt, 1893, 250 Meter weit gleiten, stürzte
Absatz 3: USA, Brüder Wilbur und Orville Wright, Doppeldecker, Motor, Tragflächen, 17. Dezember 1903, Kitty Hawk, 12 Sekunden lang in der Luft, 37 Metern
Absatz 4: Bau moderner Flugzeuge, 25.8.1919, der erste Linienflug, von London nach Paris, einmotorige Maschine, 2,5 Stunden, vier Passagiere
Absatz 5: Pioniere, vor etwa 500 Jahren, Leonardo da Vinci, flügelähnliche Flugapparate, Luftschraube, Hubschrauber, Propeller, Ballon, heiße Luft, um das Jahr 1500
Absatz 6: Joseph und Étienne Montgolfier, Hülle aus Leinwand, mit heißer Luft zu füllen, Feuer, Ballonhülle, 1783, beiden Passagiere, 25 Minuten in der Luft, 300 Meter Höhe
Absatz 7: Passagiere, Traum vom Fliegen Wirklichkeit, Frankfurt, Flughäfen, jährlich Millionen Fluggäste

7 **a.**, **b.** und **c.**
um 1500: Leonardo da Vinci: flügelähnliche Flugapparate, Luftschraube
1783: Brüder Montgolfier: füllten Leinwand-Hülle mit heißer Luft, zwei Passagiere 25 Minuten lang in der Luft, 300 Meter hoch
1893: Otto Lilienthal: zwei riesige Flügel mit Stoff bespannt, Gleitflug von einem Hügel 250 Meter
1903: Brüder Wright: Doppeldecker mit Motor, 12 Sekunden lang, 37 Meter weit
1919: erster Linienflug von London nach Paris, vier Passagiere flogen 2,5 Stunden lang
heute: Millionen von Fluggästen jedes Jahr, viele Flughäfen

8 der Luftfahrtpionier: ein Mensch, der wichtige neue Erkenntnisse für die Luftfahrt gewonnen hat
die Passagiere: Fluggäste
Palma de Mallorca: Hauptstadt einer spanischen Insel im Mittelmeer

9 *Das könntest du aufgeschrieben haben:*
An der Unterseite einer gewölbten Tragfläche bewegt sich die Luft langsamer als über der Tragfläche. Dadurch entsteht eine Auftriebskraft.

Seite 9

10 1. die Warte- und Abfertigungshalle für Flugreisende

11 Die Grafik auf Seite 7 passt zum letzten Satz des Sachtextes.

12 Die Grafik zeigt, wie viele Passagiere im Jahr 2012 an den Flughäfen Amsterdam, Berlin, Düsseldorf, Frankfurt/Main und London abgefertigt wurden.
An der senkrechten Achse kann ich die Menge der Passagiere in Millionen ablesen. An den Balken kann ich die Passagierzahl für jeden dieser Flughäfen ablesen.
Die meisten Passagiere hatte London (70 Millionen), die wenigsten Düsseldorf (21 Millionen).

13 Auf deinem Zeitstrahl sollte von links nach rechts eingetragen sein:
Leonardo da Vinci – um 1500
die Brüder Montgolfier – 1783
Otto Lilienthal – 1893
die Brüder Wright – 1903
erster Linienflug – 1919
Millionen Fluggäste – heute

Seite 10

1 a. *Diese Wörter solltest du durchstreichen:*
tollerweise – Das war echt cool – Es entstand plötzlich Hektik – Ich bekam einen Schreck – da ich dummerweise vergessen hatte, sie anzustellen – Das war mir voll peinlich – Das war nicht gerade toll

b. Tagesbericht: Mittwoch, 21.5.2014
Heute Vormittag durfte ich Bestellungen entgegennehmen und den Gästen Eisbecher servieren. Dann kam eine ganze Schulklasse. Für so viele Kinder fehlten saubere Eisbecher. Die Spülmaschine war noch nicht durchgelaufen. Ich wusch die Eisbecher schnell mit der Hand ab. Danach durfte ich wieder Gäste bedienen.

2 *Gestrichen:* irre – Ausgerechnet ich – Die waren ziemlich schwer! – schön – Was war ich froh

Um 16 Uhr kam eine Lieferung mit viel Obst. Ich trug die Kisten in den Kühlraum. Dort kontrollierte ich die Mengen und sortierte die Obstkisten in die Regale ein. Um 17 Uhr war ich mit dieser Arbeit fertig.

Seite 11

1 a. Bild 1: 9 Uhr: Terrasse vorbereitet, Stühle an die Tische gestellt, Eiskarten auf Tische verteilt, Sonnenschirme aufgestellt
Bild 2: 10 Uhr: in der Küche Früchte gewaschen und geschnitten, Zutaten für die Eisherstellung abgewogen
Bild 3: 12 Uhr: hinter der Eistheke Geschirr aus der Geschirrspülmaschine geräumt, die Gläser poliert
Bild 4: von 13 bis 14 Uhr Pause
Bild 5: 14 Uhr: eine Warenlieferung ins Lager eingeräumt
Bild 7: 17 Uhr: Arbeitsflächen in der Küche sauber gemacht
Bild 8: um 18 Uhr Feierabend

b. Bild 6: 15 Uhr: den Gästen Eisbecher serviert

Seite 12

2 Wer? Ich (Tim)
Wann? 9 Uhr Arbeitsbeginn

3 Am Dienstag begann ich um 9 Uhr mit der Arbeit im Eiscafé.

4 Um 9 Uhr bereitete ich die Terrasse vor. Ich stellte Stühle an die Tische und verteilte die Eiskarten auf den Tischen. Dann stellte ich die Sonnenschirme auf. Um 10 Uhr wusch ich in der Küche Früchte und schnitt sie klein. Anschließend wog ich die Zutaten für die Eisherstellung ab. Ab 12 Uhr räumte ich hinter der Eistheke Geschirr aus der Geschirrspülmaschine und polierte die Gläser. Zwischen 13 und 14 Uhr hatte ich Pause. Um 14 Uhr räumte ich eine Warenlieferung ins Lager ein. Zum Schluss machte ich um 17 Uhr die Arbeitsflächen in der Küche sauber. Um 18 Uhr hatte ich Feierabend.

Seite 13

7 a. *Diese Schlüsselwörter könntest du markiert haben:*
Absatz 3: 9.30 bis 12 Uhr – Küche – Obst waschen und kleinschneiden – Fruchteis – ab 12 Uhr – bis zur Mittagspause – Geschirr in die Spülmaschine – polierte – Gläser
Absatz 4: Mittagspause – ab 14 Uhr – Obstschneiden und Abwaschen – Mitarbeiter – nett – zeigten mir – von 16 bis 18 Uhr – bestellte Eisbecher und Getränke – an die Tische bringen
Letzter Absatz: 18 Uhr – vorbei

b.

9 Uhr	Arbeitsbeginn, bei Frau Nardelli (= Ansprechpartnerin) gemeldet, Küche, Café und Eistheke gesehen, die anderen Mitarbeiter kennengelernt: vier Frauen und zwei Männer
9.30 Uhr bis 12 Uhr	in der Küche Obst gewaschen und kleingeschnitten, bei der Herstellung von Fruchteis geholfen
12 bis 13 Uhr	Geschirr in die Spülmaschine eingeräumt, Gläser poliert
13 bis 14 Uhr	Mittagspause
14 Uhr	Obst geschnitten und beim Abwaschen geholfen
16 bis 18 Uhr	Eisbecher und Getränke an die Tische gebracht
18 Uhr	Feierabend

Seite 15

1 a. *Diese beiden Teile der Verben solltest du markieren:*
sah ... zu – half ... mit – zählte ... nach – legte ... aus – rief ... an – sah ... nach
b. *Diese Wörter und Wortgruppen dazwischen solltest du markieren:*
sah ihr zu – half sie auch schon mit – zählte die Wäschestücke aus der Reinigung nach – legte in den Gästezimmern frische Handtücher aus – rief sie bei der Taxizentrale an – sah im Computer nach

2 *Diese Verben im Infinitiv solltest du markieren:*
aufräumen – ausgeben – entgegennehmen

3 a., b. und c.
Vormittags räumte ich die Gästezimmer auf. Mittags gab ich in der Küche Speisen aus. Am Nachmittag nahm ich ... Wünsche der Gäste entgegen.

4 Die Gäste kamen in jedem Jahr gern wieder.
Die Gäste nahmen ihre Post an der Rezeption entgegen.
Elena bereitete die Zimmer für die Gäste vor.
Elena las den Kindern etwas vor.

Seite 17

1 Der letzte Satz in Absatz 1 steht falsch. Er lautet: *Die Patienten bekommen zum Beispiel auch kalte und heiße Wassergüsse.* Er passt hinter den Satz: *Ich denke, ein weiterer Schwerpunkt ist die Behandlung mit Wärme und Kälte.*

2 **a.** Die drei Stellen in Absatz 1 sind diese:
... und das finde ich super!
Ich denke, ...
Ich finde den Beruf ganz schön abwechslungsreich.

b. Masseure und medizinische Bademeister unterstützen Ärzte. Sie helfen, Krankheiten zu heilen. Dabei sind ihre Hände sehr wichtig. Sie massieren die Patienten mit verschiedenen Massagetechniken. Sie geben Unterwassermassagen und medizinische Bäder. Außerdem setzen sie Bewegungstherapien ein. Ein weiterer Schwerpunkt ist die Behandlung mit Wärme und Kälte. Die Patienten bekommen zum Beispiel auch kalte und heiße Wassergüsse.

3 **a.** Das Verb **arbeiten** wird viermal in Absatz 2 wiederholt.
b. und **c.** *Das könntest du aufgeschrieben haben (es gibt mehrere Möglichkeiten):*
Masseure und medizinische Bademeister können in einer Massagepraxis oder in Krankenhäusern beschäftigt sein. Sie können auch in Alten- und Pflegeheimen eingesetzt werden. Manche sind im Fitnesszentrum angestellt. Im Wellnessbereich von großen Hotels können sie auch tätig sein.

Seite 18

4 **a.** Die falsche Verbform lautet: hat ... gedauert.
b. Die Ausbildung dauert zweieinhalb Jahre.

5 **a.** Die ~~ausbildung~~ hat zweieinhalb Jahre gedauert.
Man ~~benötikt~~ dafür einen Hauptschulabschluss.
b. Die Ausbildung hat zweieinhalb Jahre gedauert.
Man benötigt dafür einen Hauptschulabschluss.

6 **a.** und **b.**
Medizinische Bademeister verabreichen auch Armbäder mit heißem oder kaltem Wasser.

7 **a.** und **b.**
Berufsbild: Masseur und medizinischer Bademeister

8 **Berufsbild: Masseur** und **medizinischer Bademeister**
Masseure und medizinische Bademeister unterstützen Ärzte. Sie helfen, Krankheiten zu heilen. Dabei sind ihre Hände sehr wichtig. Sie massieren die Patienten mit verschiedenen Massagetechniken. Sie geben Unterwassermassagen und medizinische Bäder. Außerdem setzen sie Bewegungstherapien ein. Ein weiterer Schwerpunkt ist die Behandlung mit Wärme und Kälte. Die Patienten bekommen zum Beispiel auch kalte und heiße Wassergüsse.
Masseure und medizinische Bademeister können in einer Massagepraxis oder in Krankenhäusern beschäftigt sein. Sie können auch in Alten- und Pflegeheimen eingesetzt werden. Manche sind im Fitnesszentrum angestellt. Im Wellnessbereich von großen Hotels können sie auch tätig sein.
Die Ausbildung dauert zweieinhalb Jahre. Man benötigt dafür einen Hauptschulabschluss. Um ein Masseur und medizinischer Bademeister zu sein, muss man gerne und geschickt mit den Händen arbeiten. Freundliches Auftreten ist wichtig. Es ist auch nützlich, wenn man gut zuhören kann. Für die Abrechnungen muss man sicher rechnen können.

Seite 19

1 Geld verdienen, Arbeit leisten, arbeitslos sein, einen Beruf ausüben, sich betätigen als, zuständig sein für, einen Job haben, anfertigen

2 Svens Mutter *verarbeitet* meist Gemüse und Fleisch aus der Region.
Die neue Hilfskraft wird ab sofort in der Küche *mitarbeiten*.
Sven muss die Speisekarte *überarbeiten*. Seine Mutter möchte neue Gerichte anbieten, die er in die Speisekarte *einarbeiten* soll.

3 **a.** und **b.** *Diese Sätze solltest du ankreuzen (die Verben, die etwas mit* ***arbeiten*** *zu tun haben, stehen im Infinitiv dahinter):*
Svens Mutter kocht viele Gerichte für die Gäste. *kochen*
In der Küche reinigt die Hilfskraft das Geschirr. *reinigen*
Den Kaffee bereitet meist Svens Vater zu. *zubereiten*
Anschließend serviert er den Kaffee mit einem Glas Wasser. *servieren*
Das benutzte Geschirr räumt er rasch ab. *abräumen*

Seite 20

1 *Die Hauptsätze sind unterstrichen, die Nebensätze grau markiert:*
<u>Die Müllberge in den Abfalltonnen der Marienschule sind groß</u>, **weil** 1200 Menschen täglich hier ihren Müll **hinterlassen**. <u>Die Schülervertretung schlägt ein Recycling-Projekt vor</u>, **weil** sie diese Müllberge verringern **möchte**.
Weil alte Sachen oft noch zu gebrauchen **sind**, <u>lädt die Klasse zum Tausch ein</u>.

2 Wir sollen weniger wegwerfen, **weil** es die Umwelt **schützt**. *Oder:* **Weil** es die Umwelt schützt, sollen wir weniger **wegwerfen**.
Stella darf etwas vom Tauschtisch mitnehmen, **weil** sie dafür einen anderen Gegenstand mitgebracht **hat**. *Oder:* **Weil** Stella dafür einen anderen Gegenstand mitgebracht **hat**, darf sie etwas vom Tauschtisch mitnehmen.
Ich soll Stofftaschen mitbringen, **weil** man sie immer wieder benutzen **kann**. *Oder:* **Weil** man sie immer wieder benutzen **kann**, soll ich Stofftaschen mitbringen.
Der Müll wird in der Schule getrennt, **weil** die Rohstoffe wiederverwertet **werden**. *Oder:* **Weil** die Rohstoffe wiederverwertet **werden**, wird der Müll in der Schule getrennt.

Seite 21

1

Argumente für eine Fahrradwerkstatt	Argumente gegen eine Fahrradwerkstatt
Das Reparieren der Räder spart Geld.	Die Reparaturen sind viel zu schwierig für Schüler.
Ein Fahrrad steht nicht mehr herum, nur weil Kleinigkeiten kaputt sind.	Es ist schwierig, einen passenden Raum für die Fahrradwerkstatt zu finden.
Die Schüler bekommen handwerkliche Erfahrung.	Es kommen zu wenige Schüler mit dem Fahrrad zur Schule.
Es gibt weniger Müll.	

Seite 22

4 Ich bin für eine Fahrradwerkstatt, weil die Schüler beim Reparieren handwerkliche Erfahrung sammeln können.
Ich bin für eine Fahrradwerkstatt, da das Reparieren der Räder Geld spart.
Ich bin für eine Fahrradwerkstatt, da weniger Müll entsteht.
Ich bin für eine Fahrradwerkstatt, weil dadurch Fahrräder wieder genutzt werden, an denen nur eine Kleinigkeit kaputt ist.

Ich bin gegen eine Fahrradwerkstatt, weil die meisten Schüler nicht mit dem Fahrrad zur Schule kommen.
Ich bin gegen eine Fahrradwerkstatt, da es schwierig ist, einen geeigneten Raum für die Werkstatt zu finden.
Ich bin gegen eine Fahrradwerkstatt, da die Reparaturen zu schwierig sind.
Ich bin gegen eine Fahrradwerkstatt, weil der benötigte Raum dann nicht für AGs genutzt werden kann.

Seite 23

5 **a.**, **b.** und **c.**
Das Reparieren der Räder in der Schule spart Geld. Für die Reparatur im Fachgeschäft habe ich <u>zum Beispiel</u> neulich 60 Euro bezahlt.
Eine Fahrradwerkstatt in der Schule ist überflüssig. An unserer Schule <u>zum Beispiel</u> kommen die meisten zu Fuß oder mit Nahverkehrsmitteln zur Schule.
Fahrräder stehen nicht mehr herum, nur weil Kleinigkeiten kaputt sind. In unserem Keller stehen <u>beispielsweise</u> drei unbenutzte Räder, die nur einen Platten haben.
Es ist schwierig, einen passenden Raum für die Fahrradwerkstatt zu finden. In unserer Schule ist <u>beispielsweise</u> kein Raum mehr frei.
Es entsteht weniger Müll. Die kaputten Fahrräder landen <u>zum Beispiel</u> sonst auf der Müllkippe.

7 Zur geplanten Fahrradwerkstatt möchte ich Stellung nehmen. Ich bin der Meinung, dass eine solche Fahrradwerkstatt an unserer Schule sinnvoll ist.

Zur geplanten Fahrradwerkstatt möchte ich Stellung nehmen. Ich bin der Ansicht, dass es eine solche Fahrradwerkstatt an unserer Schule nicht geben sollte.

Seite 24

9 *Das könntest du geschrieben haben:*
Für mich ist eine Fahrradwerkstatt an unserer Schule wichtig, weil ich lernen möchte, mein Fahrrad selbst zu reparieren. Darum bitte ich Sie als Schulleitung um Ihre Unterstützung für dieses Projekt.
Ich würde auch dabei helfen, einen geeigneten Raum zu finden und herzurichten.

Seite 25

1 **a.** *Hier sind die Argumente markiert:*
Es schwimmen rund 140 Millionen Tonnen Müll in den Weltmeeren. ==Dieser Müll bedroht das Leben der Meerestiere.== Es wurde beispielsweise ein Pottwal gefunden, der starb, weil er 17 Kilo Plastikmüll im Magen hatte. ==Auch die Gesundheit der Menschen ist in Gefahr.== Ein Beispiel dafür ist, dass sich winzige Plastikreste zuerst in Fischen und dann auch in Menschen ansammeln, die diese Fische essen.

b. *Hier sind die Beispiele markiert:*
Es schwimmen rund 140 Millionen Tonnen Müll in den Weltmeeren. Dieser Müll bedroht das Leben der Meerestiere. ==Es wurde beispielsweise ein Pottwal gefunden, der starb, weil er 17 Kilo Plastikmüll im Magen hatte.== Auch die Gesundheit der Menschen ist in Gefahr. ==Ein Beispiel dafür ist, dass sich winzige Plastikreste zuerst in Fischen und dann auch in Menschen ansammeln, die diese Fische essen.==

c. ... beispielsweise ...
Ein Beispiel dafür, dass ...

2

	Argument	Beispiel
Plastikmüll verrottet langsam und setzt schädliche Chemikalien frei.	X	
Eine Plastikflasche braucht 400 Jahre, bis sie verrottet ist.		X
Meeresschildkröten halten Plastiktüten für Quallen und fressen sie.		X
Plastikmüll verstopft die Mägen der Tiere und lässt sie verhungern.	X	
Plastikmüll verschmutzt dauerhaft die Strände von unbewohnten Inseln.	X	
Auf der Nordseeinsel Mellum liegen 700 Teile Plastikmüll auf 100 Metern Strand.		X

3 Plastikmüll verrottet langsam und setzt schädliche Chemikalien frei. Beispielsweise braucht eine Plastikflasche 400 Jahre, bis sie verrottet.
Plastikmüll verstopft die Mägen der Tiere und lässt sie verhungern. Beispielsweise halten Meeresschildkröten Plastiktüten für Quallen und fressen sie.
Plastikmüll verschmutzt dauerhaft die Strände von unbewohnten Inseln. Auf der Nordseeinsel Mellum liegen zum Beispiel 700 Teile Plastikmüll auf 100 Metern Strand.

Seite 26

1 *Das könntest du aufgeschrieben haben:*
In dem Gedicht „Auf der Straßenbahn“ von Gerrit Engelke geht es um die Fahrt in einer Straßenbahn vor 100 Jahren.

2 *Das könntest du aufgeschrieben haben:*
Beim Lesen des Gedichts habe ich mir die Geräusche der Straßenbahn und ihre Bewegungen vorgestellt.

3 *Die Überschriften von oben nach unten:*
- Die schnelle Fahrt
- Laute Technik
- Durch die Innenstadt
- An der Haltestelle

Seite 27

4 Zeile 9: Erschütterungen im Wagen
Zeile 14: immer schneller und lauter
Zeile 17: Ende der Fahrt
Zeile 19: Weiterfahrt

5 **a.** und **b.**
Der Sprecher des Gedichts sitzt *in einer Straßenbahn*, wie es sie vor *etwa 100 Jahren* gab. Während der Fahrt geht es durch *enge Kurven* und an den Oberleitungen *sprühen Funken*. Es kommt ihm vor, als ob sich die Straßenbahn *wie eine Walze* durch die Straßen bewegt. Der *Motorenlärm* wird nur durch *das Klingeln* an den Haltestellen unterbrochen.

Seite 28

6 Das Gedicht hat *vier Strophen*. Sie sind unterschiedlich lang: Die ersten beiden Strophen haben *drei Verse*, die dritte Strophe hat *fünf Verse* und die vierte Strophe hat *acht Verse*.

7 **a.** und **b.**
Das Gedicht *ist unregelmäßig aufgebaut*. Im Gedicht fährt auch die Straßenbahn *nicht ruhig und gleichmäßig*. Mal fährt sie schneller, mal hält sie an oder *ruckelt über die Schienen*. Der Aufbau des Gedichts passt *zur unruhigen Fahrt*.

8 und **9**

biegt a
liegt a
[schneller]

rattern a
knattern a
[Funken.]

Frauenmoden a
Menschenschritt b
Wagenboden a
mit! b
[Strom!]

drinnen a
Sinnen a
schwillt! b
schrillt b
[Klingel!]
aus –
aus –
[Wagen.]

10 **c.** Motorenlärm, alte Maschine

11 walzt, schütternd, saust, summt, singt, sausebraust, schwillt, schrillt

Seite 29

12 **a.** und **b.**
walzt und wiegt der Wagenboden,
saust und summt und singt mit meinen Sinnen

13 In den ersten beiden Strophen gibt es jeweils drei *Verszeilen* mit dem regelmäßigen Kreuzreim. Dieser Aufbau passt zu der Fahrt: Die Straßenbahn nimmt langsam Fahrt auf und wird allmählich schneller. Der Sprecher erlebt eine neue Technik, *die ihn begeistert*. In der dritten Strophe geht die Fahrt quer durch *die Stadt*. Diese Strophe hat *fünf Verse*. Die ersten vier Verse reimen sich *im Kreuzreim*, der letzte steht *ohne Reim*. Das Reimschema wird unregelmäßig. So erlebt der Sprecher auch die Straßenbahnfahrt. Der Boden der Straßenbahn zittert, auch der Sprecher ist *„voller Strom“*. Die Anspannung *steigert sich* bis in die vierte Strophe. Die Wiederholung des Lautes „s“ in den Wörtern „saust und summt und singt mit meinen Sinnen“ zeigt, *was der Sprecher hört und fühlt*.
Hier stehen acht Verszeilen: zwei mit Paarreim und vier ungereimte Verse. Die ungereimten Verse beginnen, *als die Klingel schrillt*.

14 *Das könntest du aufgeschrieben haben:*
Der Sprecher des Gedichts sitzt in einer Straßenbahn, wie es sie vor etwa 100 Jahren gab. Die Fahrt führt durch enge Kurven, über Schienen mitten durch die Stadt. An den Oberleitungen sprühen Funken. Es kommt dem Sprecher so vor, als ob sich die Straßenbahn wie eine Walze durch die Straßen bewegt.
Die ungewohnte Technik macht Krach: Der Motorenlärm wird nur durch das Klingeln an den Haltestellen unterbrochen. Der Sprecher ist von der neuen Technik fasziniert.
Das Gedicht hat vier Strophen. Sie sind unterschiedlich lang: In den ersten beiden Strophen gibt es jeweils drei Verszeilen mit dem regelmäßigen Kreuzreim. Dieser Aufbau passt zu der Fahrt: Die Straßenbahn nimmt langsam Fahrt auf und wird allmählich schneller. In der dritten Strophe geht die Fahrt quer durch die Stadt. Diese Strophe hat fünf Verse. Die ersten vier Verse reimen sich im Kreuzreim, der letzte steht ohne Reim. Das Reimschema wird unregelmäßig. So erlebt der Sprecher auch die Straßenbahnfahrt. Der Boden der Straßenbahn zittert, auch der Sprecher ist „voller Strom“. Die Anspannung steigert sich bis in die vierte Strophe. Die Wiederholung des Lautes „s“ in den

Wörtern „saust und summt und singt mit meinen Sinnen“ zeigt, was der Sprecher hört und fühlt.
In der letzten Strophe stehen acht Verszeilen: zwei mit Paarreim und vier ungereimte Verse. Die ungereimten Verse beginnen, als die Klingel schrillt. Jetzt nähert sich die Fahrt ihrem Ende. Dann hält die Bahn an der Haltestelle an. Der Sprecher steigt aus. Die Bahn fährt weiter.
Eine Straßenbahn gehört bis heute zum Stadtbild einer großen Stadt. Aber inzwischen ist die damals neue Technik für die Menschen alltäglich geworden.

Seite 30

1 a. und b.
Wecker – ticken
Biene – summen
Hund – knurren
Badeente – quietschen
Straßenwalze – walzen

2 a., b. und c.
Der alte Mann brummt etwas in seinen Bart.
Die Türglocke schrillt.
Der Sturm braust um das Dach.
Die Frösche quaken im Teich.

3 a. und b.
Die Autos rasen um die Ecken, ihre Reifen *quietsch*en. Zwei Motorräder *braus*en heran. Irgendwo *schrill*t eine Glocke. Der Regen *platsch*t auf die Straße. Ein LKW hält, sein Motor *knatt*ert. Der Fahrer hat gute Laune: Er *summ*t leise eine Melodie.

Seite 31

1 a. und b.
Dies könntest du geantwortet haben:
Wie ist Meggie an einen anderen Ort gelangt?
Beim Lesen verschwand alles und Meggie blickte konzentriert auf die Buchstaben. Sie versuchte, sich die Welt ganz genau vorzustellen, von der sie gerade las. Sie las alles laut vor.
Wo würde sie mitspielen?
Sie würde selbst in der Welt, von der das Buch erzählte, mitspielen, weil sie sich dorthin gelesen hatte.

Seite 32

2 *Das könntest du aufgeschrieben haben, aber es ist nur eine von sehr vielen Möglichkeiten:*
Wo? In einem dunklen Wald, niemand zu sehen, hohe Bäume, weiches Moos
Wann? Im Schlaf, nichts gemerkt, plötzlich dort aufgewacht
Was erlebst du? Sah einen weißen Hirsch, folgte ihm immer tiefer in den Wald, wie ein Bann

3 *So könnte die Einleitung lauten:*
Eines Tages wachte ich plötzlich in einem dunklen Wald auf. Ich musste im Schlaf dorthin gekommen sein, aber ich hatte nichts davon gemerkt. Als ich mich umsah, entdeckte ich einen geheimnisvollen, weißen Hirsch. Wie im Bann folgte ich ihm.

Seite 33

7 Auf einmal hörte ich einen *fürchterlichen* Schrei.
Ich hatte *schreckliche* Angst vor dem *riesigen* Tier.
Ich überquerte die *schmale* Brücke. Ein *kleines* Haus auf der Lichtung war meine Rettung.

Seite 35

1 und **2**

er lief	sie folgten
er glaubte	sie brüllten
er rannte	sie wollten
er sprang	sie griffen
er flog	sie schauten

3 a. und b.
Ich lief durch eine dunkle Höhle. Zwei riesige Monster folgten mir. Sie brüllten, aber sie wollten mir nichts tun. Ich glaubte ihnen nicht. Denn sie griffen mit unförmigen Klauen nach mir. Ich rannte noch schneller. Plötzlich ein Wasserfall! Ich sprang mitten hinein. Die Monster schauten verwundert zu. Ich flog durch das Wasser – dann wurde alles schwarz.

4 a. und b.
Ein Junge lief durch unsere Höhle. Wir folgten ihm. Wir brüllten, aber wir wollten ihm nichts tun. Wir griffen nach ihm. Da rannte der Junge noch schneller. Am Wasserfall sprang der Junge mitten hinein. Wir schauten ganz verwundert. Der Junge flog durch das Wasser und war weg.

Seite 36

1 „Orhan war gerade am Telefon. Ich soll dich grüßen. Er meldet sich wieder.“

2 a., b. und c.
bloß, der Spaß, heiß, etwas Süßes, barfuß, stößt, grüßen, spitzenmäßiger

3 die Faulheit – der Fleiß
innen – außen
schwarz – weiß
kalt – heiß

4 der Fuß – die Füße
die Straße – die Straßen
der Stoß – die Stöße
der Gruß – die Grüße
die Größe – die Größen
das Maß – die Maße

Seite 37

1 Um dort hinzukommen, müssen sie Bahn fahren.

2 a. und b.
Rad fahren, Bahn fahren, Platz nehmen, in Schutz nehmen

3 a. und b.
Nach der langen Radtour möchte Dilaria *ein Bad nehmen.*
Am Montag wollen sie auf dem Bodensee *Boot fahren.*
Bald müssen sie vom Bodensee *Abschied nehmen.*
Im nächsten Jahr möchten sie in den Bergen *Ski fahren.*

4 *Beispielsätze:*
Für den Sprung musste er einen großen Anlauf nehmen.
Sie kann sehr gut Auto fahren.
Sie will ihn wirklich ernst nehmen.
Morgen wollen sie Inliner fahren.
Sie möchte gern einmal Kanu fahren.

Seite 38

1 Denn die Äpfel sind größtenteils angeschlagen.

2 a. und b.
-mal: einmal, diesmal, dreimal
-teils: größtenteils, meistenteils
-wärts: rückwärts, seitwärts
-wegs: unterwegs
-weise: normalerweise, dummerweise

3 -mal: zweimal, dreimal
-teils: größtenteils, einesteils
-wärts: rückwärts, vorwärts
-weise: lustigerweise, unnötigerweise

Seite 39

1

Celina	Jesko	Büsra	Mila
Buch-druckerin	Möbel-tischler	Veran-staltungs-kauffrau	Boots-bauerin

2 a., b. und c.
das Berufspraktikum, die Buchdruckerin, der Möbeltischler, die Arbeitszeiten,
die Veranstaltungskauffrau, der Bootsbauer

3 a. und b.
der Hauswirtschaftshelfer, die Hauswirtschaftshelferin
der Bauwerksabdichter, die Bauwerksabdichterin
die Informationstechnikerin, der Informationstechniker
die Schiffsmechanikerin, der Schiffsmechaniker

Seite 40

1 In dem Text wird eine Person angesprochen, die sich für das Konditorhandwerk interessiert.

2 Interessieren Sie sich für das Konditorhandwerk?
Passt dieses Handwerk zu Ihnen?
Probieren Sie aus, ob unser Handwerk Ihren Interessen entspricht.
In unserer Konditorei können Sie Ihr Schnupperpraktikum absolvieren.
Melden Sie sich bei uns, wir helfen Ihnen und beraten Sie gern.
Wir freuen uns auf Ihre Bewerbung.

3 a. und b.
Sehr geehrte Frau Martens,
danke, dass Sie Zeit für mich hatten und ich Ihnen meine Fragen zum Praktikum stellen konnte. Leider habe ich vergessen, Sie zu fragen, welche Arbeitskleidung in Ihrem Betrieb vorgeschrieben ist. Es wäre schön, wenn Sie mir eine kurze Nachricht schicken könnten. Ich bedanke mich bei Ihnen für Ihre Mühe.
Mit freundlichen Grüßen

Seite 41

1 Keshia hat normalerweise um acht Uhr mit der Arbeit begonnen.

2 b. am Montag, am Vormittag, am Nachmittag, am Montag, Dienstag und Mittwoch, jeden Donnerstag, jeden Freitag, am Dienstagmorgen, am Dienstagvormittag, am Dienstagnachmittag, am Freitag, vom Morgen bis zum Nachmittag, am Freitagabend

3 der Dienstagmorgen, der Dienstagvormittag, der Dienstagnachmittag, der Freitagabend

4 a. und b. *Das könntest du geschrieben haben:*
Am Montag, Dienstag und Mittwoch hat Keshia immer sieben Stunden gearbeitet. Jeden Donnerstag und jeden Freitag hat sie sechs Stunden gearbeitet. Am Dienstagmorgen hat sie um sieben Uhr begonnen, sonst hat sie immer um acht Uhr begonnen.

Seite 42

1 a. und b.
sich interessieren, sich ausprobieren, reparieren, die Informationen, die Organisation, die Qualität, eventuell, fotografieren

2

das Telefon – telefonieren	die Probe – probieren
die Nummer – nummerieren	die Kontrolle – kontrollieren
der Fotograf – fotografieren	das Interesse – interessieren

3 a. und b.
die Demonstration – demonstrieren
die Gratulation – gratulieren
die Information – informieren
die Konzentration – konzentrieren
die Organisation – organisieren
die Operation – operieren

Seite 43

4 a. und b.
Tibor probiert die Torte. Tarik nummeriert die Pakete im Regal. Du interessierst dich für ein Praktikum in der Druckerei. Du informierst dich über die Tätigkeit in einer Druckerei. Der Meister repariert das Fahrrad in der Werkstatt. Die Jugendlichen konzentrieren sich auf die neuen Anforderungen im Praktikum.

5 **a.** und **b.**
die Qualität, die Aktualität, die Kriminalität, die Aktivität

6 **a.** und **b.**
Tibor ergänzt die Preisliste *mit aktuellen Angaben.*
Er darf *eventuell schon* bald selbst eine Torte verzieren.
Dafür hat er bereits *eine sensationelle Idee.*

Seite 44

1 **b.** *Folgende Wörter wurden im Text falsch geschrieben:*
morgen, vorbereitet, nicht, Referat, Geschichten, Tante, mitbringen

Seite 45

3 **a.**, **b.**, **c.** und **d.**

Wörter mit kurzem Vokal	Wörter mit langem Vokal
dann	baden
die Decke	das Brot
das Gesetz	lesen
die Sonne	das Sofa
das Wetter	

4 **b.** *Folgende Wörter wurden im Text falsch geschrieben:*
Sommer, Hitze, Locken, alle, Jacke, Katze

Seite 46

6

der Läufer – laufen	er wohnt – die Wohnung
zählen – die Zahl	sie schläft – der Schlaf

7 **a.**

Rückfahrt	Hinfahrt
gefällt	fallen
unterhält	Unterhaltung
erzählen	Erzählung
Wohnung	wohnen
fährt	Fahrt
endlich	Ende
fahren	Fähre
läuft	Lauf

b. *Folgende Wörter wurden im Text falsch geschrieben:*
Rückfahrt, gefällt, erzählen, Wohnung, fährt, fahren, läuft

Seite 47

8 **a.**
Urlaub – Urlaube
Korb – Körbe
Land – Länder
Flug – Flüge

b. *Folgende Wörter wurden im Text falsch geschrieben:*
Korb, Land, Flug

9 **a.** Bei den hervorgehobenen Wörtern handelt es sich um Nomen.

b. *Folgende Wörter wurden im Text falsch geschrieben:*
Begrüßung, Neues, Fliegen, Komisches

Seite 48

11 *Folgende Wörter wurden im Text falsch geschrieben:*
begonnen, und, Gute, Tag, alle, Jacke, Apfel, Fahrt, Jugendlichen, Urlaub

Seite 49

12 *Folgende Wörter wurden im Text falsch geschrieben (die Checkpunkte stehen in Klammern dahinter):*
Spaß (2), Campingplatz (2), Hitze (2), Bescheuerte (5), Mücken (2), Land (4), Insekten (1), Essen (5), Mund (4), schnell (2), Jungen (1), erzählen (3)

Seite 50

1 Diese Kriechtiere kommen in Nordamerika, Mittelamerika und Südamerika vor.

2 **a.** und **b.**
Diese Kriechtiere kommen in Nordamerika, Mittelamerika und Südamerika vor. Dort schlafen, jagen oder fressen sie. Es gibt aber auch Arten, die auf hohen Bäumen, kargen Felsen oder im kalten Meer leben.

3 **a.** und **b.**
Viele sind gelb, blau, orange oder pink gefärbt. Zur Verteidigung können sie mit dem Schwanz schlagen, drohend fauchen und heftig mit dem Kopf nicken. Einige Männchen haben außerdem auffällige Kämme, große Kehlklappen oder spitze Schwanzstacheln.

4 **a.**, **b.** und **c.**
Leguane leben auf dem Erdboden, auf Bäumen, auf Felsen oder im Meer. Ihre Nahrung besteht aus Insekten, wirbellosen Tieren, Pflanzen und Algen.

Seite 51

6 **a.** und **b.**
Morgens wachen sie auf, suchen sich einen sonnigen Platz, legen sich dort hin und tanken Sonne. Manchmal wird es ihnen dabei zu warm. Dann hecheln sie, gehen zurück in den Schatten und warten auf Abkühlung.

7 a. und b.
Männchen verteidigen ihr Revier, vertreiben andere Männchen, dulden aber Weibchen. Leguanweibchen legen nach der Paarung Eier, vergraben diese in der Erde und kümmern sich später nicht mehr darum.

8 Leguane sind schöne, wilde und exotische Tiere. Sie haben spitze Zähne, grobe Schuppen und kräftige Hinterbeine. Sie leben am Erdboden, auf Bäumen und auf Felsen. Ihre Haut ist unterschiedlich gefärbt, besteht aus Schuppen und ist trocken. Sie schimmert oft grün, ist schuppig und fühlt sich trocken an.

Seite 52

1 Er hat zwei Wecker gestellt, um sich nicht zu verspäten.

2 a. und b.
Er hat zwei Wecker gestellt, um sich nicht zu verspäten. Im Kindergarten wartet schon die Leiterin, um Janto zu begrüßen.

3 a., b. und c.
Die Leiterin kommt, um Janto zu holen.
Im Flur haben sich die Kindergartenkinder aufgestellt, um ein Willkommenslied für ihn zu singen.

4 Janto kniet sich hin, um dem Jungen die Schnürsenkel zu binden. Ein Kind zieht Janto am Hosenbein, um ihn in die Autoecke zu ziehen. Die Kinder decken den Tisch, um mit Janto zu frühstücken. Emil und Esra malen Bilder, um sie Janto zu schenken.

Seite 53

1 a. und b.
Sie erzählt oft, dass sie sich beim Singen auf der Gitarre begleiten möchte. Ihr Bruder besorgt heimlich eine gebrauchte Gitarre, weil er ihr helfen will.
Ayse ist glücklich als er ihr das Instrument überreicht. Er sagt ihr auch dass sie im Internet Anleitungen zum Spielen finden kann. Die ersten Versuche klingen gar nicht so schlecht obwohl sie noch viel üben muss.

2 a. und b.
Ayse ist glücklich, als er ihr das Instrument überreicht. Er sagt ihr auch, dass sie im Internet Anleitungen zum Spielen finden kann. Die ersten Versuche klingen gar nicht so schlecht, obwohl sie noch viel üben muss.

3 a. und b.
Dass sie sich beim Singen auf der Gitarre begleiten möchte, erzählt Ayse oft. Weil ihr Bruder ihr helfen will, besorgt er heimlich eine gebrauchte Gitarre. Als er ihr das Instrument überreicht, ist Ayse glücklich. Dass sie im Internet Anleitungen zum Spielen finden kann, sagt er ihr auch. Obwohl sie noch viel üben muss, klingen die ersten Versuche gar nicht schlecht.

5 a., b. und c. *Das könntest du geschrieben haben:*
Ayse freut sich, weil sie schon zwei Lieder spielen kann.
Ayse freut sich, als sie schon zwei Lieder spielen kann.

Seite 54

1 Die Band, die sie gegründet haben, heißt Okesai.

2 a. und b.
Die Band, die sie gegründet haben, heißt Okesai. Der Name, der aus den letzten Buchstaben ihrer Vornamen besteht, gefällt ihnen sehr.
Ayse singt und spielt auf ihrer neuen Gitarre, die sie geschenkt bekommen hat. Lia spielt auf einem Schlagzeug, das vom Förderverein gespendet wurde. Marko begleitet sie mit dem Bass, der seinem Onkel gehört.
Sie üben für den großen Auftritt der im Juni sein wird. Alle drei sind sehr aufgeregt. Viele Menschen die sie kennen, kommen dorthin.

3 a., b., c. und d.
Sie üben für den großen Auftritt, der im Juni sein wird.
Viele Menschen, die sie kennen, kommen dorthin.

Der ___, der ___.

Die ___, die ___, ___.

Seite 55

5 *Das könntest du geschrieben haben:*
Es ist ein komischer Bandname, der vielen zuerst ungewohnt vorkommt.
Schon seit einem Jahr gibt es die Schulband, die Lia, Ayse und Marko gegründet haben.
Es gibt keine andere Schulband, die Okesai heißt.
Alle freuen sich auf das Schulfest, das im Juni stattfinden soll.
Die Bürgermeisterin besucht das Schulfest, das in diesem Jahr zum zehnten Mal stattfindet.

6 a., b. und c.
Lampenfieber ist ein Gefühl, das ich vor jedem Auftritt habe.
Ayse übt zwei Lieder, die noch neu sind.
Die Gitarre hat eine schöne Farbe, die an Honig erinnert.
Lia übt auf dem Schlagzeug, das im schallgedämmten Keller steht.

7 Der Songtext, der zwei neue Strophen hat, stammt von Ayse.

Der Vorhang, der aus schwarzem Samt ist, fällt in Falten auf die Bühne.

Seite 56

1 a., b. und c. *Der abgeschlossene Vorgang ist unterstrichen.*
Nachdem man dafür die Borsten von Schweinen gewonnen hatte, befestigte man diese an Stielen aus Bambus oder Knochen.

2 a. und b. *Der abgeschlossene Vorgang ist unterstrichen.*
Nachdem man dafür einen passenden Knochen ausgewählt hatte, verband man ein Ende mit einem Ohrreiniger und das andere mit einem Zahnstocher. Lange hatte man in Europa die Zähne mit Bürsten aus weichem Rosshaar gereinigt, bis dann ein Engländer 1780 eine bessere Zahnbürste mit härteren Kuhborsten herstellte.

3

Was tat man zuerst? Plusquamperfekt	Was tat man danach? Präteritum
gewonnen hatte	befestigte
ausgewählt hatte	verband
gereinigt hatte	herstellte

4 Bevor es die Zahnbürste gab, *hatte* man zur Reinigung der Zähne auf einem Stock *gekaut*.

Nachdem man Holzstücke als Zahnstocher *benutzt hatte*, wischte man noch die Zähne mit einem Läppchen ab.

Seite 57

1 a. und c. *Plusquamperfekt ist unterstrichen*
Bevor Cem das Ärztehaus betrat, war er ein paarmal drum herum gelaufen.

2 a. und b.
Das könntest du geschrieben haben:
Ein Bote war zur Apotheke gefahren.
Der Zahnarzt war zum Telefon geeilt.
Mehrere Patienten waren zum Röntgen gegangen.
Zwei Arzthelferinnen waren aus dem Labor gekommen.

3 Bevor Cem nach Hause fuhr, war er zu seinem besten Freund gegangen.
Bevor Cem nach Hause fuhr, war er vor Freude in die Luft gesprungen.
Bevor Cem nach Hause fuhr, war er durch den Park geschlendert.

Seite 58

1 a. und b.
er habe gerettet, er habe geschossen, er habe ausgetrickst, er habe bewiesen, er habe erkannt

2 a. „Ich sah den Angriff des Stürmers.
Dann verwickelte ich ihn in einen Zweikampf. Schließlich stand ich frei und schoss aufs Tor."

2 b. und **3** a.

Ronnis Aussagen im Indikativ	Joeys Wiedergabe im Konjunktiv I mit haben
ich sah	Ronni habe gesehen
ich verwickelte	er habe verwickelt
ich stand	er habe gestanden
ich schoss	er habe geschossen

b. Ronni habe den Angriff des Stürmers gesehen. Dann habe er ihn in einen Zweikampf verwickelt. Schließlich habe er frei gestanden und habe aufs Tor geschossen.

Seite 59

4 a. „Du bist heute zu großer Form aufgelaufen. Bei deinem Tor bin ich vor Freude in die Luft gesprungen. Jetzt ist mir erst aufgefallen, wie gut du spielst."

4 b. und **5** a.

Aussagen des Trainers im Indikativ	Ronnis Wiedergabe im Konjunktiv I mit sein
du bist aufgelaufen	ich sei aufgelaufen
ich bin gesprungen	er sei gesprungen
es ist mir aufgefallen	es sei ihm aufgefallen

b. Der Trainer sagt, ich sei heute zu großer Form aufgelaufen. Bei meinem Tor sei er vor Freude in die Luft gesprungen. Jetzt sei ihm erst aufgefallen, wie gut ich spiele.

6 Anna und Robert sagen, dass ihre Mannschaft den Sieg schon fast in der Tasche *gehabt habe*. Aber dann *habe* Ronni das entscheidende Tor *geschossen*. Anna meinte, er *sei* aber auch sehr schnell *gerannt*. Robert erzählte, ihr Nico *sei* einfach nicht *mitgekommen*.

Seite 60

1 Ach, gelänge mir heute endlich ein Tor!
Wenn wir alle in diesem Spiel unser Bestes gäben, dann wären wir heute bestimmt die Sieger.
Kämen unsere Stürmer heute gut zum Zug und schössen viele Tore!
Bei einem Sieg bekämen wir endlich mal wieder Lob vom Trainer!

2 a., b. und c.

Verb im Infinitiv	Verbform im Präsens	Verbform im Konjunktiv II
gelingen	es gelang	es gelänge
geben	wir gaben	wir gäben
sein	wir waren	wir wären
kommen	sie kamen	sie kämen
schießen	sie schossen	sie schössen
bekommen	wir bekamen	wir bekämen

Seite 61

3

Verb im Infinitiv	Verbform im Präteritum	Verbform im Konjunktiv II
fliegen	sie flogen	sie flögen
nehmen	ich nahm	ich nähme
haben	du hattest	du hättest
sitzen	er saß	er säße
singen	wir sangen	wir sängen
finden	ich fand	ich fände

4 Ich *wäre* so gern die beste Spielerin auf dem Spielfeld.
Beim Fußballspielen *hätte* ich immer sehr viel Spaß.
Meine Schüsse *flögen* so weit wie keine anderen.
Alle meine Freunde *fänden* mich großartig.
Bei jedem Tor *sängen* sie mir ein Loblied.
Ich *wüsste* immer den besten Spielzug.

5 Marvin: Ich *wäre* so gerne ein super Stürmer.
Pia: Ich *gäbe* Autogramme als Nationalspielerin.
Onur: Ich *säße* nie auf der Ersatzbank.
Fina: Wir *trügen* die coolsten Fußballschuhe.
Robert: Mich *sähen* viele Zuschauer in der Sportschau.

Seite 62

1 Am Freitag wurden plötzlich Gerüchte über Mäuse in der Cafeteria erzählt. Trotzdem wurden aber keine gesehen. Stattdessen wurde ein angeknabberter Keks entdeckt.

2 a.
Auch Käsereste wurden funden. Dann wurden alle über den Schullautsprecher gewarnen: „Achtung! Mäuse in der Cafeteria!" Das Betreten des Raums wurde verbieten.

sie wurden gefunden
sie wurden gewarnt
es wurde verboten

3 Es wurden Gerüchte über Mäuse *erzählt*.
Die weißen Mäuse wurden aber nicht *entdeckt*.
Es wurde nur ein angeknabberter Keks *gefunden*.
Trotzdem wurden alle über den Lausprecher *gewarnt*.
Das Betreten der Cafeteria wurde *verboten*.

Seite 63

4 a.
Außerdem wurden der Hausmeister dringend gebeten, Mäusefallen aufzustellen. Der Hausmeister nahm die Cafeteria genau unter die Lupe. Alle Ecken wurde untersucht.
b.
Außerdem wurde der Hausmeister dringend gebeten, Mäusefallen aufzustellen.
Alle Ecken wurden untersucht.

5 a.
Am Ende zehn weiße Mäuse aus Plastik wurden gefunden. Im Lautsprecher plötzlich Musik wurde eingespielt. Jemand lachte und sagte: „Ha! Ihr wurdet von eurer Abschlussklasse reingelegt!"
c.
Am Ende wurden zehn weiße Mäuse aus Plastik gefunden.
Im Lautsprecher wurde plötzlich Musik eingespielt.
„Ihr wurdet von eurer Abschlussklasse reingelegt!"

7 a. und b.
Mice were seen at school.
Mäuse wurden in der Schule gesehen.
But only ten plastic mice were found.
Aber nur zehn Mäuse aus Plastik wurden gefunden.

8 Auf Deutsch wird das Passiv mit einer Form von *werden* gebildet. Auf Englisch wird es mit **is/are, was/were** gebildet. Das sind Formen von *to be*.

Seite 64

1 a. und b.

Wovon träumt Sofia? Sie träumt von einem Häuschen, das direkt am Meer liegt.

Was wünscht sich Ergün? Er wünscht sich eine große Familie, die gut zusammenhält.

Wovon träumt Finan? Er träumt von einem Leben als Tänzer, der auf den großen Bühnen auftritt.

Was wünscht sich Marlen? Sie wünscht sich viele Freunde auf der ganzen Welt, die sie besuchen kann.

2 Finan hat seit drei Jahren Ballettunterricht, *der* sehr wichtig für ihn ist. Er liebt Musicals, *die* er im Fernsehen oder auf der Bühne ansieht. Am liebsten würde er tanzen können wie die großen Stars, *die* er bewundert. Aber er freut sich auch über die Rolle, *die* er in der Aufführung seiner Ballettschule bekommt.

3 a., b. und c.

Marlen chattet im Internet mit vielen Jugendlichen, die aus aller Welt kommen.

Sofia fährt im Urlaub in ein Jugendcamp, das nah am Mittelmeer liegt.

Seite 65

4 Clara, die seit Jahren Pferdebücher liest, träumt vom Reiten. Ihr Bruder Pierre, der ein Jahr jünger ist, interessiert sich für schnelle Autos. Gerne würde er mal ein Autorennen, das zu den großen internationalen Wettbewerben gehört, miterleben. Die Zwillinge, die Jo und Kim heißen, wollen bei einem Jugendmarathon mitlaufen.

5 Clara, *die ihre letzten Ferien auf einem Reiterhof verbrachte,* möchte Reiterin werden.
Pierre, *der sich im Motorsport gut auskennt,* verfolgt die Rennen im Fernsehen.
Das Formel-1-Rennen, *das am kommenden Sonntag stattfindet,* entscheidet über den neuen Weltmeister.

6 **a**, **b.** und **c.**
Jo und Kim möchten mit ihrer Klasse, die schon ganz aufgeregt ist, am Berlin-Marathon teilnehmen.
Dort laufen Jugendliche, die zwischen 10 und 18 Jahren alt sein müssen, die letzten 4,195 km der Gesamtstrecke mit.
In der Klasse hängt der Trainingsplan, der für 12 Wochen genau die Trainingseinheiten beschreibt.

Seite 66

1 **a.** und **b.**
Eine Modenschau – Eine überraschende Modenschau
Achtung: Mode! – Achtung: Mode aus einer anderen Welt!
Die Kreativ-AG präsentiert Mode – Die Kreativ-AG präsentiert Mode der Zukunft

2 **a.**, **b.** und **c.** *Das könntest du geschrieben haben:*
Eine Modenschau zum Staunen und Schauen
Achtung: Mode mit Fantasie!
Die Kreativ-AG präsentiert flippige Mode!

3

vorangestellte Attribute	nachgestellte Attribute
fantasievollen Kleidungsstücke	Schülerinnen und Schüler der Kreativ-AG
außergewöhnliche Materialien	Glitzerteile aus CD-Scheiben
steifes Papier	Gewand mit einer Halskrause
regelmäßiges Lochmuster	Kopfbedeckung aus Fahrradschläuchen

Seite 67

4 **a.** Sie entwerfen Modelle *nach ihren Vorstellungen.* Zuerst suchen sie sich einen *geeigneten* Schnitt. Mit *weißer* Textilkreide zeichnen sie die Kanten *der Schnittmuster* nach. Dann schneiden sie die Teile *aus Stoff* vorsichtig aus. Esra darf die Nähmaschine *ihrer Schwester* benutzen. Aus den Stoffteilen entstehen dann *ungewöhnliche* Hosen und Röcke.

b.

vorangestellte Attribute	nachgestellte Attribute
geeigneten Schnitt	Modelle nach ihren Vorstellungen
weißer Textilkreide	Kanten der Schnittmuster
ungewöhnliche Hosen und Röcke	Teile aus Stoff
	Nähmaschine ihrer Schwester

5 **a.** Kanten der Schnittmuster, Nähmaschine ihrer Schwester
b. Modelle nach ihren Vorstellungen, Teile aus Stoff

Seite 68

1 Alle stöhnen auf.

2 **a.** *Die Hauptsätze sind unterstrichen, die Nebensätze grau markiert.*
„Ich kann die Kamera mitbringen, weil mein Bruder sie mir bestimmt ausleiht. Weil Luca das schon aus der Film-AG kennt, kümmert er sich um den Ton. Rosa ist für die Beleuchtung zuständig, weil sie damit bereits Erfahrung hat. Alle müssen um 8 Uhr am Hauptbahnhof sein, damit wir im Berufsverkehr die ersten Szenen drehen können. Damit wir wie Reisende aussehen, bringt bitte viele Koffer und Rucksäcke mit."

b., **c.** und **d.**
„Ich kann die Kamera mitbringen, weil mein Bruder sie mir bestimmt ausleiht. Weil Luca das schon aus der Film-AG kennt, kümmert er sich um den Ton. Rosa ist für die Beleuchtung zuständig, weil sie damit bereits Erfahrung hat. Alle müssen um 8 Uhr am Hauptbahnhof sein, damit wir im Berufsverkehr die ersten Szenen drehen können. Damit wir wie Reisende aussehen, bringt bitte viele Koffer und Rucksäcke mit."

3 **a.**
Said braucht noch einen Arztkittel. Er spielt einen Notarzt.
Rosa soll die weißen Schirme nicht vergessen. Damit können wir mehr Licht auf die Gesichter lenken.
Janosch besorgt eine Gruppenfahrkarte. Wir wollen während einer Straßenbahnfahrt filmen.

b., **c.** und **d.**
Said braucht noch einen Arztkittel, weil er einen Notarzt spielt. Rosa soll die weißen Schirme nicht vergessen, weil wir damit mehr Licht auf die Gesichter lenken. Janosch besorgt eine Gruppenfahrkarte, weil wir während einer Straßenbahnfahrt filmen wollen.

Seite 69

1 **a.**, **b.** und **c.** *Die Hauptsätze sind unterstrichen, die Nebensätze grau markiert.*
Tomas: Es gibt schöne Szenen im Film, **obwohl** das Wetter so schlecht war.

Rosa: Das Licht reichte fast immer, **obwohl** die Sonne kaum schien.
Luca: Die Töne an der Straßenbahnhaltestelle sind gut zu hören, **obwohl** Janosch dazwischengeredet hat.

2 a. und b.
Tomas: Das Wetter war zwar schlecht. Trotzdem gibt es schöne Szenen im Film.
Rosa: Die Sonne schien zwar kaum. Trotzdem reichte das Licht fast immer.
Luca: Janosch redete zwar dazwischen. Trotzdem sind die Töne an der Straßenbahnhaltestelle gut zu hören.

3 a. und b.
Janosch hat das Filmen viel Spaß gemacht, obwohl er sich nicht immer konzentriert hat.
Die Szene mit dem Notfallarzt ist gelungen, obwohl sie sehr oft wiederholt werden musste.
Der Film zeigt brausenden Großstadtverkehr, obwohl nur aus einer Straßenbahn heraus gefilmt wurde.

Seite 70

1 a. und b.
Janosch: Wenn wir mit dem Großstadtgedicht beginnen, haben wir die Zuschauer gut eingestimmt.
Rosa: Die Hörspielgruppe kann ihr Ergebnis präsentieren, wenn sie rechtzeitig fertig wird.

c. Unter welcher Bedingung ist es interessanter?

2 a., b. und c. *Die Hauptsätze sind unterstrichen, die Nebensätze grau markiert.*

Janosch: Wenn wir mit dem Großstadtgedicht **beginnen**, haben wir die Zuschauer gut eingestimmt.

Rosa: Die Hörspielgruppe kann ihr Ergebnis präsentieren, wenn sie rechtzeitig fertig **wird**.

Tomas: Es ist bestimmt interessanter, wenn jemand das Programm **ansagt**.

3 a., b. und c.
Wir können den Film vorführen, **wenn** der Beamer betriebsbereit **ist**.
Janosch vergisst keine Ansage, **wenn** wir ihn **unterstützen**.
Wir verschieben die Präsentation, **wenn** die Hörspielgruppe nicht rechtzeitig fertig **ist**.

Seite 71

1 a. und b.
Rosa: **Bevor** alle Zuschauer auf ihren Plätzen **saßen**, war es sehr laut im Raum.
Tomas: **Als** Janosch seine witzige Begrüßung vorgelesen **hatte**, hörten aber alle sehr gespannt zu.
Luca: **Während** die Musik **lief**, konnte ich gut die Lautstärke checken.
Rosa: Dann kam endlich unser Film! Die Leute klatschten begeistert, **nachdem** sie den Film gesehen hatten.

2 *Als* Ilonka in der U-Bahn *saß*, spielten zwei Musiker gerade ein mitreißendes Stück. *Während* Ilonka begeistert *zuhörte*, verpasste sie die Haltestelle. Sie fuhr schnell ein Stück zurück, *nachdem* sie ihren Fehler *bemerkt hatte*. Zum Glück erreichte sie die Schule, *bevor* die Präsentation *begonnen hatte*.

3 *Das könntest du geschrieben haben:*
Nachdem Ilonka die Präsentation gesehen hat, möchte sie bei der Filmgruppe mitmachen.
Bevor sie mit Tomas über ihren Wunsch spricht, prüft sie ihren Terminkalender.
Nachdem sie ihren Terminkalender geprüft hat, spricht sie mit Tomas über ihren Wunsch.

Seite 72 Seite 73

2
1. Der Auftrieb
2. Luftverwirbelungen verursachen Kosten und Umweltschäden
3. Luftverwirbelungen verursachen Unfälle
4. Vögel nutzen Handschwingen
5. Handschwingen als Vorbild für Winglets
6. Die Geschichte der Winglets

Seite 74

3 *Diese Schlüsselwörter könntest du markiert haben:*
1. Absatz: Oberhalb der Tragflächen fließt die Luft schneller als darunter.
2. Absatz: schneller Drehbewegungen, hohen Widerstand, mehr Treibstoff, teuer und belastet die Umwelt
3. Absatz: gefährlich, ins Trudeln kommen, abstürzen, an Flughäfen, längere Wartezeiten
4. Absatz: Flügelspitzen von Vögeln, die Federn am Ende aufgefächert, optimal zum Luftstrom aufstellen
5. Absatz: an den Enden von Tragflächen Winglets, die Luftverwirbelungen deutlich abschwächen, nachfolgende Flugzeuge weniger gefährdet, Kosten, CO_2 eingespart.

4
In der Tabelle geht es darum, wie viel Kohlenstoffdioxid (CO_2) auf verschieden langen Flügen mit Winglets eingespart wird.

linke Spalte: die Flugstrecke in Flugmeilen
rechte Spalte: CO_2-Einsparung in Prozent

Je mehr Flugmeilen ein Flugzeug mit Winglets zurücklegt, desto mehr CO_2 kann eingespart werden.

5 b. Absatz: 6

6 a. *Diese Zeitangaben und Ereignisse könntest du markiert haben:*
Idee, 1897, Lanchester, meldete zum Patent an
erfand, zehn Jahre später, Winglets
1944, nach unten gerichteten Winglets
1970er-Jahre, Winglets an verschiedenen Flugzeugtypen erprobt
Passagierflüge mit Winglets, 1985
heute, viele Flugzeuge mit Winglets

b. [2] Lanchester erfindet Vorläufer der Winglets
[1] Lanchster meldet seine Idee zum Patent an
[3] Flugzeuge mit nach unten gerichteten Winglets werden gebaut
[5] erster Passagierflug mit Winglets findet statt
[6] viele Flugzeuge sind mit Winglets ausgestattet
[4] Winglets werden an verschiedenen Flugzeugtypen erprobt

c.

[1]		[3]		[5]	
1897	1907	1944	1970er	1985	heute
	[2]		[4]		[6]

Seite 75

1 *Wann* geschah etwas?
Wo geschah etwas?
Wer war beteiligt?
Was geschah der Reihe nach?
Einen Bericht schreibt man im *Präteritum*.

2 **a.** und **b.** *Die richtige Reihenfolge ist:*
1 = 8 Uhr: Arbeitsbeginn
2 = 9 Uhr: beim Einkauf geholfen
3 = 10 Uhr: alle Einkäufe verstaut
4 = 11 Uhr: Bestellungen auf der Terrasse aufgenommen
5 = 12 Uhr: Mittagspause
6 = 13 Uhr: Frau Nardelli erklärt Milchshakes
7 = 14 Uhr: in der Küche geholfen
8 = 17 Uhr: Feierabend

c. *Dies könntest du geschrieben haben:*
Heute begann die Arbeit schon um 8 Uhr. Ich fuhr mit Frau Nardelli zum Großmarkt. Um 9 Uhr half ich beim Einkauf der Lebensmittel. Alle Einkäufe verstaute ich um 10 Uhr im Kühlraum und im Lager. Anschließend nahm ich Bestellungen auf der Terrasse entgegen und bediente die Gäste bis zur Mittagspause um 12 Uhr.

Seite 76

1 **a.** Ich finde, sie müssen prima mit Menschen umgehen können und vor allem riesengroßen Spaß am Umgang mit Kindern haben.

b. Erzieher sollten gut mit Menschen umgehen können und Freude am Zusammensein mit Kindern haben.

2 **a.**
Die täglichen Abläufe sind oft gleich. Dabei müssen Erzieher die Freuden, Sorgen und Nöte der Kinder ernst nehmen und bei Konflikten Lösungen finden. Erzieher machen viele Spiele mit den Kindern. Sie planen und machen auch Ausflüge. Sie machen Bastelarbeiten und machen auch Vorlesestunden.

b. Erzieher spielen viel mit den Kindern. Sie planen und führen auch Ausflüge durch. Sie leiten Bastelarbeiten an und gestalten auch Vorlesestunden.

3 **a.** Die falsche Verbform: dauerte.

b. Die Ausbildung dauert zwischen zwei und fünf Jahren.

Seite 77

1 und **2**

Argumente für ein Verbot	Beispiel Nr.
Plastikmüll in den Meeren schadet Tieren.	3
Erdöl ist kostbar und sollte nicht für die Herstellung von Plastiktüten verwendet werden, die nur einmal benutzt werden.	5
Plastik verrottet langsam und setzt gefährliche Chemikalien frei.	1
Argumente gegen ein Verbot	**Beispiel Nr.**
Kaufhäuser und Firmen brauchen die Tüten für ihre Werbung.	4
Heute kann man schon Folientüten herstellen, die schnell verrotten.	6
Mit einer Gebühr für Plastiktüten erreicht man eher, dass weniger Tüten verwendet werden.	2

Seite 78

3 Hat sie das Thema ihrer Stellungnahme genannt? Ja
Hat sie aufgeschrieben, wie sie zu dem Thema gekommen ist? Ja
Hat sie aufgeschrieben, welche Meinung sie zu dem Thema hat? Nein

4 Hat sie alle Argumente mit passenden Beispielen unterstützt? Nein
Hat sie mit einem wichtigen Argument begonnen? Nein
Hat sie ihre Sätze durch passende Wörter wie **weil, zum Beispiel** oder **beispielsweise** verknüpft? Ja

5 Hat sie ihre Aussagen zusammengefasst? Ja
Ist klar geworden, ob Selina für oder gegen ein Verbot von Plastiktüten ist? Ja

6 *Das könntest du geschrieben haben:*
Meine Meinung ist, dass Plastiktüten verboten werden sollten.

7 *Das könntest du geschrieben haben:*
Das sieht man beispielsweise daran, dass Wale gefunden wurden, die Plastikmüll gefressen haben und daran gestorben sind.

Seite 79

1 Wortgruppen mit **fahren** und **nehmen** werden *getrennt* geschrieben.

2 **a.** und **b.**
Zeit nehmen, Rad fahren, Inliner fahren, ein Bad nehmen

3 Abschied nehmen, in Angriff nehmen, Auto fahren, in Besitz nehmen, Rad fahren

4 Bald geht die Reise los. Die Mädchen müssen von ihrer Familie *Abschied nehmen*. Irinas Bruder darf schon *Auto fahren* und bringt sie zum Bahnhof. Ihr Zugabteil ist leer. Darum können sie die Fensterplätze *in Besitz nehmen*. In drei Stunden sind sie da. Dann können sie endlich ihre Radtour *in Angriff nehmen*. Heute werden sie sicher noch zwei Stunden lang *Rad fahren*.

Seite 80

1 Sehr geehrte Damen und Herren, am 19. März möchten *wir* unseren Klassenausflug nach Oberhausen machen. In der Zeitung haben wir *Ihre* Werbung für einen Besuch *Ihres* Abenteuerparks gefunden. Deshalb möchte *ich* mich bei *Ihnen* erkundigen, ob und wann *wir Ihre* Einrichtung besuchen können. Wir haben erfahren, dass *Sie* eine Backstage-Tour mit einem Blick hinter die Kulissen anbieten. Auf *Ihrer* Homepage schreiben *Sie*, dass *Ihre* Mitarbeiter dabei die Technik im Maschinenraum erklären. Das alles interessiert *uns* sehr. Deshalb wären *wir Ihnen* sehr dankbar, wenn *Sie* uns mitteilen könnten, ob der Termin möglich ist. Wir danken *Ihnen* für *Ihre* Mühe. Mit freundlichen Grüßen

2 Zeitangaben, die Nomen sind, schreibt man *groß*.

3 Am *Donnerstag* lässt sich Tarek noch einmal den Termin bestätigen. Er ruft am *Donnerstagnachmittag* in Oberhausen an. Die Klasse will am nächsten *Mittwoch* am frühen *Morgen* losfahren. Den ganzen *Vormittag* über können sie sich die Aquarien ansehen. Am *Mittwochnachmittag* werden sie dann die Backstage-Tour machen.

Seite 81

1 a. und b.

Bald **beginnen (Checkpunkt 1)** die nächsten Ferien. Neilos freut sich darauf, seine Freundinnen ~~un~~ **(Checkpunkt 1, und)** Freunde aus Griechenland wiederzusehen.
Das ~~gute~~ **(Checkpunkt 5, Gute)** an den Ferien ist: Man kann jeden ~~Tak~~ **(Checkpunkt 4, Tag)** ausschlafen.
Aber Neilos möchte gern zum ~~fischen~~ **(Checkpunkt 5, Fischen)** gehen. Dann muss er früh aufstehen.
Auf die Bootsfahrt freut er sich sehr. Ob er in diesem ~~Jar~~ **(Checkpunkt 2, Jahr)** mehr Fische ~~fengt~~ **(Checkpunkt 3, fängt)**?

2

das Sieb, sie gibt, er blieb zu Hause, der Tag	(4)
er kam, wir kennen das, die Wolle, die Wolke	(2)
die Häuser, er läuft, sie schläft, das Geschäft	(3)
geben, sehen, die Blume, rund, das Gold	(1)
ein langer Lauf, viel Buntes, etwas Neues	(5)

Seite 82

1 a. und b.

Janto legt sich abends seine Kleidung zurecht, um am nächsten Morgen Zeit zu sparen.

Er frühstückt, um seinen ersten Praktikumstag nicht hungrig zu beginnen.

Die Kinder stellen sich auf, um ein Lied zu singen.

Janto winkt, um alle zu begrüßen.

Die Kindergartenleiterin führt Janto umher, um ihm alles zu zeigen.

2 Infinitivsätze beginnen oft mit *um* und enden mit *zu* + Infinitiv. Sie werden durch *Komma* vom Hauptsatz getrennt.

3 a. und b.

Esra sucht Janto, um mit ihm zu spielen.
Die Kinder räumen den Tisch ab, um daran zu basteln.
Janto setzt sich in die Kuschelecke, um mit den Kindern zu singen.

4 Emil klopft Janto auf den Rücken, um ihn etwas zu fragen.
Die Kinder ziehen Regensachen an, um nach draußen zu gehen.
Sie malen ein Plakat, um es Janto zu schenken.

Seite 83

1 a. und b.

Lia, Ayse und Marco üben jede Woche mit ihrer Band.

Bisher treffen sie sich bei Lia.

In ihrem Zimmer, das im ersten Stock eines Mehrfamilienhauses liegt, haben sie genug Platz. Lias Eltern, die selbst in einer Band spielen, finden die Musik toll.

Nicht so begeistert ist das Paar das nebenan wohnt. Lia, Ayse und Marco laden die beiden zu ihrem Auftritt ein der am Wochenende stattfindet. Zum Glück dürfen sie bald in einem Raum der gut schallisoliert ist üben.

2 a., b. und c.

Nicht so begeistert ist das Paar, das nebenan wohnt. Lia, Ayse und Marco laden die beiden zu ihrem Auftritt ein, der am Wochenende stattfindet. Zum Glück dürfen sie bald in einem Raum, der gut schallisoliert ist, üben.

3 a, b. und c.

Ayse stimmt ihre Gitarre, die sie vorher geputzt hat.

Lia baut das Schlagzeug auf, das auch gestimmt werden muss.

Sie freuen sich über das Lob ihres Musiklehrers, der ganz stolz auf sie ist.

Hinter der Bühne warten ihre Freunde, die ihnen begeistert gratulieren.

Seite 84

1 In der vorigen Woche verschafften sich Räuber Zugang zu einer Bank. Nachdem die Täter von einer anliegenden Tiefgarage aus ein Loch in eine Betonwand *gebohrt hatten*, gruben sie von dort einen langen Gang bis zum Bankgebäude. Werkzeug und Material *hatten* sie vorher bequem mit dem Auto in die Tiefgarage *gebracht*. Nachdem sie wochenlang den Verbindungstunnel *gegraben hatten*, erreichten sie den Tresorraum. Dort räumten sie über 300 Schließfächer aus und flüchteten. Zuvor *hatten* die Räuber noch ein Feuer *gelegt*, um Spuren zu vernichten.

2 **a.** und **b.**
Mehrere Polizeiwagen waren mit Blaulicht auf das Gelände gefahren.
Schaulustige waren bis an die Absperrung gekommen.
Die Spurensicherung war zuerst in den Tresorraum gegangen.
Die Feuerwehr war nach dem Löschen des Brandes abgerückt.

Seite 85

1 es habe gestanden, sie habe geschickt, er habe zugenickt, er sei gewesen, er sei zugerannt, er habe abgegeben, er habe gefangen, er habe geworfen, es sei geworden, sie habe gesiegt

2 Roman erzählte, für ihn *sei* es ein spannendes Spiel *gewesen*. Er *sei* zuerst selbst zum Tor *gelaufen*. Aber dann *habe* Ercan ihm ein Zeichen *gegeben*. Er *habe* einfach in der besseren Position *gestanden*. Nach Ercans Eindruck *habe* ihn kein Gegner *bewacht*. Da *habe* er den Arm *gehoben* und Roman auf sich aufmerksam *gemacht*. Roman *habe* das Angebot *angenommen*. So *sei* es zum Tor *gekommen*.

Seite 86

1 **a.** Schülerinnen und Schüler der Mode-AG entwerfen *außergewöhnliche* Modelle für Tierliebhaber. Mit ihren Produkten *aus Abfallstoffen* wollen sie das Tierheim unterstützen. Die Jugendlichen fertigen *fantasievolle* Hundeleinen an. Ihre Katzen- und Hundedecken *aus Stoffresten* sind sehr begehrt. Der Erlös *des Verkaufs* geht an das Tierheim.

b.

vorangestelltes Attribut + Nomen	nachgestelltes Attribut + Nomen
außergewöhnliche Modelle	Produkten aus Abfallstoffen
fantasievolle Hundeleinen	Katzen- und Hundedecken aus Stoffresten
	Erlös des Verkaufs

2 **a.** und **b.**
Marlon nimmt seit vier Jahren Gitarrenunterricht, der ihm viel Spaß macht.
Mit seiner Gitarrenlehrerin, die schon viele Konzerte gab, wird er demnächst zusammen auftreten.
Regelmäßig proben sie für ein Stück, das sie spielen werden.

3 Marlon hat ein neues Lied geschrieben, das seiner Freundin sehr gefällt.
Er muss die Gitarrengriffe, die schwierig sind, lange üben.

Seite 87

1 **a.**, **b.** und **c.**
Wenn Tarik an seine Tür ein Schild hängt, will er in seinem Zimmer allein sein. Wenn jemand anklopft, öffnet Tarik ihm die Tür. Tarik darf mit seinen Freunden kochen, wenn alle anschließend die Küche aufräumen.

2 **a.** und **b.**
Die Wohnung ist nicht sehr hell, obwohl zwei Zimmer nach Westen liegen. Im Badezimmer ist wenig Platz, obwohl es nur eine Dusche gibt. Obwohl die Straße vor dem Haus laut ist, sitzen sie manchmal auf dem Balkon.

3 **a.**, **b.** und **c.**
Das könntest du geschrieben haben:
Als Tarik heute sein Zimmer aufräumte, fand er seine Badehose wieder. Der Strom fiel plötzlich aus, während Tarik den Fußboden saugte. Nachdem Tarik endlich fertig war, überraschte ihn sein Vater mit einer Pizza.